Brigitte Voykowitsch

Göttinnen und Frauenrechte

Indiens Töchter

Brigitte Voykowitsch

Göttinnen und Frauenrechte
Indiens Töchter

Picus Reportagen

Picus Verlag Wien

Die Deutsche Bibliothek – CIP-Einheitsaufnahme

Voykowitsch, Brigitte:
Göttinnen und Frauenrechte: Indiens Töchter /
Brigitte Voykowitsch. – Wien: Picus Verl., 2000
(Picus Reportagen)
ISBN 3-85452-739-X

Grafische Gestaltung: Dorothea Löcker, Wien
Umschlagabbildung: Rajasthan, Indien, © Pictor
Druck und Verarbeitung: Remaprint, Wien
ISBN 3-85452-739-X

Inhalt

Lebenswege

Ein Vorwort

Taslima war eine der ersten Inderinnen, die ich kennenlernte, nicht in Indien, sondern in den USA. 23 Jahre war sie damals alt und studierte an der Universität von Boston Computertechnologie. Es war Anfang der achtziger Jahre, noch verfügte Indien über kein eigenes Silicon Valley, und wer sich, wie Taslima, der Welt der Computer verschrieben hatte, der träumte von einer Karriere in Nordamerika. Taslima faszinierten Computer, aber sie wollte auch, das gab sie ganz offen zu, Geld verdienen, viel Geld. Dafür war sie bereit, sehr viel zu arbeiten. Einmal Geld haben! Ich sollte in Mumbai, dem ehemaligen Bombay, ihre Familie besuchen, riet sie mir, dann würde ich das alles besser verstehen.

Chawls werden Wohnhäuser wie jenes genannt, in dem Taslima aufgewachsen ist. Errichtet wurden diese mehrstöckigen Gebäude Anfang des 20. Jahrhunderts von den damaligen britischen Kolonialherren. Sie bestehen aus lauter Einzimmerwohnungen und waren ursprünglich für alleinstehende männliche Fabrikarbeiter oder solche, die ihre Familien in den Dörfern zurückgelassen hatten und allein auf Arbeitssuche in die Stadt gezogen waren, gedacht. Doch wo für einen Platz ist, kommen auch zwei oder drei oder vier oder noch mehr Menschen unter. Ein Großteil der Fabriken hier in Zentralmumbai ist längst geschlossen oder an die heutigen Ränder der rasant gewachsenen Metropole verlagert worden. In den *chawls*, die sich zumeist um einen Innenhof gruppieren, leben ganze Familien in einem Raum – wie die von Taslima.

Eine wacklige, quietschende Freitreppe verbindet die Geschosse, deren Wohnungen alle an einem nur notdürftig überdachten Gang liegen. Viele Türen stehen offen, die Grenzen zwischen Innen und Außen werden tagsüber nicht so streng gezogen. Am Leben der Nachbarn nehmen hier ohnedies alle teil, ob gewollt oder ungewollt. Kinder spielen im Hof und auf den Gängen, wo zur gleichen Zeit Frauen Wäsche waschen und die nassen Kleidungsstücke zum Trocknen aufhängen. Ein Hindi-Song dröhnt aus der einen Wohnung, ein anderer aus der nächsten.

Hier also ist Taslima groß geworden. In einer etwa drei mal vier Meter großen Einzimmerwohnung. Was Taslima in den USA schilderte, kann Taslimas Mutter nun vor Ort zeigen: An der Fensterfront steht in einer Ecke das Bett der Eltern, für die Kinder – vier Töchter – wurden am Abend daneben Matten ausgerollt. Neben dem Bett steht der Metallschrank, zwei bis drei *salwar kamis* (locker sitzende Hosen, über die ein langes Hemd getragen wird) pro Familienmitgleid, einige Saris, die allen Frauen gemeinsam gehören, und die wenigen Hosen und Hemden für den Mann, das braucht nicht viel Platz. In einer anderen Ecke ist die Kochstelle untergebracht und in Regalen darüber das Geschirr. Es war immer eng, sagt die Mutter, aber es ist gegangen, solange die Töchter nicht gestritten haben und jede auf ihrem Fleckchen am Boden geblieben ist und dort gelernt hat. Lernen, das war den Eltern wichtig. Auf eine Verbesserung ihrer Finanzlage konnten sie nicht hoffen. Aber das wenige, das der Vater als kleiner Beamter verdiente, sollte über die unmittelbaren Lebenshaltungskosten hinaus die Bildung der Töchter finanzieren. Wenn die nur genug lernten, dann würden schon auch die Stipendien kommen, darauf vertrauten die Eltern. Und sie kamen, für alle vier. Alle vier gingen an die Universität, und alle vier wählten eine jener Studienrichtungen, die Chancen auf ein gutes Einkommen eröffnen – Technik oder Medizin.

Nicht weniger beengt als bei Taslima war es bei Hazina, auch sie Tochter einer muslimischen Familie. 24 Jahre war sie alt, als wir uns kennenlernten. Da hatte sie längst ihren Magister in Anglistik gemacht und lehrte an der Universität von Mumbai. Zu Hause waren sie sechs Kinder gewesen, und immer war alles knapp, aber auch ihre Eltern taten, was sie konnten. Deshalb wollte sich Hazina auch erkenntlich zeigen. In ihrer kleinen Muslim-Gemeinde gab es keinen Mann, den sie aus Überzeugung hätte ehelichen wollen. Aber der Vater hatte soviel für sie getan, ihr das Studium ermöglicht, ihr viele Freiheiten gewährt. Sollte er also einen Partner für sie auswählen. Sie würde den Mann akzeptieren. Und sie akzeptierte ihn und stellte bloß eine bescheidene Bedingung: auch nach der Hochzeit berufstätig bleiben zu können.

Berufstätig waren in den wenigen mir damals, Mitte der achtziger Jahre, bekannten Familien der unteren und mittleren Mittelklasse die meisten Frauen unter vierzig, ob Hindus, Muslime, Christen oder Parsen. Und die Arbeitstage waren um einiges länger als bei uns. Gegen fünf Uhr hieß es aufstehen, denn kurz danach kam, für wenige Stunden nur, das Leitungswasser. Da mußten alle Behältnisse gefüllt und gut verstaut werden. Danach ging es ans Kochen, Frühstück für alle, Mittagessen für alle Berufstätigen und für die Schulkinder. Gegen acht mußten die Kinder bei der Haltestelle des Schulbusses sein. Den Erwachsenen stand zumeist eine lange Fahrt mit der überfüllten Lokalbahn in Richtung Südmumbai bevor. Die wenigsten kamen vor sieben oder acht Uhr am Abend zurück, erst Stunden nach ihren Kindern, aber für die waren ja die Großeltern da. Noch, denn auch in den Metropolen des Subkontinents beginnt sich die Kernfamilie als Lebensmodell durchzusetzen.

Über das Leben außerhalb der indischen Mittelklasse erfuhr ich zunächst aus Erzählungen. Frauen, die bei befreundeten Familien putzen kamen oder als Haushaltshilfen mit in der Wohnung lebten, berichteten mir über ihr Leben im Slum oder das ihrer Verwandten in den Dörfern. Den Zeitungen entnahm ich Informationen über die Frauenbewegung, über Frauen mit außergewöhnlichen Karrieren, aber ebenso über Diskriminierung und Gewalt gegen Frauen. 1984 wurde der erste feministische Verlag, Kali for Women, in der Hauptstadt Neu Delhi gegründet. 1985/86 bewegte der Fall der Shah Bano, einer Muslimin, die nach der Scheidung von ihrem

Mann Unterhaltszahlungen forderte, das Land. 1987 erschütterte ein Fall von *sati*, »Witwenverbrennung«, im Bundesstaat Rajasthan die Menschen. Zur gleichen Zeit lehrte jene Frau, die als erste die Aufnahme ins indische Polizeicorps geschafft hatte, Kiran Bedi, ihre männlichen Kollegen und Vorgesetzten, was weibliche Entschlossenheit bedeutet.

Meine Neugierde wuchs. Wie ist das Leben auf dem Subkontinent? Reise um Reise, Gespräch um Gespräch wollte ich das Land durch persönliche Erfahrungen näher kennenlernen. Es war der Beginn einer Entdeckungsfahrt, die schon dank der Größe und Vielfalt Indiens sobald nicht zu Ende gehen wird. Viele Frauen haben mir in all diesen Jahren ihre Zeit geschenkt, um mir ihr eigenes Leben und ihre Sicht auf ihr Land näherzubringen. Einige der Geschichten haben Eingang gefunden in dieses Buch, sie und ihre Protagonistinnen stehen stellvertretend für viele andere.

Die Eroberin

Ein Denkmal für eine außergewöhnliche Tante

»Sie war eine wunderbare Frau«, sagt Mrinal Pande, und ihr Gesicht beginnt zu strahlen, wie immer, wenn sie über ihre Tante spricht. Jayanti hieß sie im wirklichen Leben. Unter dem Namen Lalita alias Badi Amma hat Pande sie in ihrem Buch »Devi. Tales of the Goddess in Our Time« (»Devi. Erzählungen von der Göttin in unserer Zeit«) zu einer der Protagonistinnen gemacht und die Etappen ihres Lebens mit vielen Geschichten von indischen Frauen und Hindu-Göttinnen verwoben. »Das Buch«, sagt Pande, die heute in Neu Delhi ansässige Frauenforscherin, Journalistin und Autorin, »ist angesiedelt im weiten Raum zwischen Fakten und Fantasie.« Frauengeschichten, die Pande in ihrer Jugend hörte, mit Göttinnen verbundener Volksglaube, Mythen und Folklore, erzählte und erlebte Begebenheiten sind eingeflossen in das Werk. Was wahr ist und was fiktiv, ist letztlich nicht von Bedeutung. Wahr ist immerhin, daß es Jayanti gab. Und wie!

»›Jayanti‹, das bedeutet ›Eroberin‹, und das war die Tante, so wie sie sich ihr Leben zu ihren eigenen Bedingungen gestaltete. Jayantis Mutter, meine Großmutter, war sich nicht immer sicher, was sie von ihrer ältesten Tochter halten sollte. Doch immer dann, wenn sie mit dem Verstand nicht mehr weiterkam, verwies sie einfach auf das Horoskop ihrer Tochter. Jayanti, sagte sie dann, hat ein sehr starkes Horoskop, und da ist wohl alles so vorgezeichnet.«

Ein Ort im Indien des frühen 20. Jahrhunderts. Die für uns wichtigen Personen: Großeltern, Eltern und die zwei Töchter Jayanti und Shivani, eine künftige Schriftstellerin und die Mutter von Pande. Der Großvater, ein Sanskrit-Gelehrter an einer Universität, war enttäuscht über die anglophilen Neigungen seines Sohnes. Wollte der ein *Sahib* werden, wie die Inder damals ihre britischen Kolonialherren ansprachen, fragte sich der Großvater besorgt. Wer in der Familie würde dann das Wissen über die großen Schriften des Hinduismus und die indischen Epen von ihm erben und weitertragen? »Mit einem Riesenseufzer schüttelte er seine Bedenken darüber ab, *Devbhasha* – die Sprache der Götter – einem Mädchen zu lehren«, schreibt Pande in ihrem Buch. Denn dieses Mädchen, Jayanti alias Lalita alias Badi Amma, hatte sich als einzige der englischen Sprache gegenüber resistent gezeigt. »Lalita wurde sein Grund zu leben, zu sprechen. Er brachte ihr sogar die geheime Anrufung des Sonnengottes – das *Gayatri Mantra* – bei, das über sieben Generationen hinweg die Männer nur in die Ohren ihrer Söhne geflüstert hatten, damit es Frauen und niedrigere Kasten nicht hören würden.«

Sanskrit war nicht die einzige Sprache, in der es Jayanti zu großer Kenntnis bringen sollte. In einem, wie Pande meint, äußerst ungewöhnlichen Schritt gingen Jayanti und die Schwester Shivani nach Shantiniketan, in die weit im Osten bei Kalkutta gelegene, vom indischen Philosophen, Dichter und Nobelpreisträger Rabindranath Tagore gegründete Schule. Es war um das Jahr 1930, und ein gerade an der Schule weilender Professor aus China konnte Jayanti für das Studium des Chinesischen gewinnen. Jayanti studierte, später lehrte sie auch, und in einem gemeinsamen Projekt über die Literatur zur Seidenstraße verglichen sie und der Gastprofessor die in den beiden sprachen Chinesisch und Sanskrit abgefaßten Texte mittelalterlicher Reisender.

Über die Seidenstraße – »Seide heißt auf sanskrit Stoff aus China«, erläutert Pande – berichtete ihr die Tante später viel. Noch mehr aber erzählte sie über die Göttinnen im Hindu-Pantheon. »Sie hatte soviel zu geben. Ich konnte sie wirklich alles über die alten Schriften fragen, und sie erfreute mich mit Geschichten und vielen Details. Es ist so schade, daß sie nicht mehr am Leben war, als ich an meinem Buch ›Devi‹ arbeitete. Sie hätte soviel beitragen können. Sie war es ja auch, die mir erzählte, daß die Göttin Saraswati von ihrem eigenen Vater Brahma mißbraucht wurde. Sie wußte auch von fünf oder sechs Familien in ihrem Ort, in denen Väter wie Brahma ihre Töchter mißbrauchten und diese Frauen sich dann ihren Weg zu Bildung und einem Lehrberuf bahnten.«

Doch nur weil sie sich eine ungewöhnliche Karriere aufgebaut hatte, sah Jayanti noch lange keinen Grund, diese bis ans Ende ihrer Tage weiter zu verfolgen. Eines Tages, als die Familie nicht mehr mit einer Eheschließung der »Eroberin« rechnete, ließ diese sich von einem Arzt erobern. Tat sie das alles auch, um die Familie wieder einmal vor den Kopf zu stoßen? Im Buch will es Pande so verstanden wissen. Jayanti alias Lalita, die über Jahre hinweg Geld nach Hause überwiesen hatte, »wußte, wie empört die Familie sein würde, wenn sie plötzlich ihren Job aufgab, die regelmäßigen Geldtransfers einstellte, einen ihnen unbekannten Mann, der zudem nur noch eine Lunge hatte, zum Bräutigam erkor, mit ihm in aller Öffentlichkeit flirtete und ihn dann in einer einfachen Zeremonie auf dem Standesamt ehelichte«, schreibt Pande und fügt in einem Nachsatz hinzu: Lalita »sollte in allen Punkten recht behalten«. Wahr oder erfunden? Pande lacht. Ihre Tante Jayanti, was für eine Frau!

Sie siedelte sich also mit ihrem Angetrauten am Fuße des Himalaya an, da er dem Klima in den Ebenen des Subkontinents nicht mehr gewachsen war, »und baute ein völlig neues Leben auf. Der Mann war so friedfertig und zahm und froh, sie gewähren zu lassen. Und so lebten sie die nächsten vierzig Jahre ihr idyllisches Leben in den Bergen«, schildert Pande. »Wenn ich mich in meiner Kindheit je wunderbar geborgen und geschützt gefühlt habe, dann war es im Haus der Tante.« Die lehrte sie Sanskrit und war die einzige in der Familie, die sie in ihrem Wunsch unterstützte, statt einer englischsprachigen eine Hindi-Schule zu besuchen. Pande wollte in einer indischen Sprache über ihr eigenes Land und ihre eigene Kultur lernen. »Es ist einfach nicht das gleiche, wenn man, wie so viele in unseren Eliten, die Mythen, Epen und religiösen Schriften nur noch in der Übersetzung liest. Wenn man fast ausschließlich mit der englischen Sprache lebt, droht man irgendwo zwischen beiden Kulturen steckenzubleiben. Man ist weder Inderin noch Angehörige einer anderen Kultur«, erklärt Pande, die natürlich auch das Englische perfekt beherrscht. Gerade die Mythen und Geschichten über die Göttinnen im Hindu-Pantheon haben sie von Kindheit an fasziniert. Es sind natürlich Geschichten und doch noch viel mehr. Letztlich, glaubt Pande, beziehen die indischen Frauen ihre Stärke »aus diesem tiefen Wissen, in sich die Göttin zu tragen, Anteil an der Kraft des überlegenen weiblichen Prinzips zu haben. Die indischen Männer tun nur so selbstsicher, sie sind es nicht«, meint Pande. »Aber von den Göttinnen zu reden ist nicht leicht. Am leichtesten ist es in einem Buch.« Einem wie »Devi«, das angesiedelt ist zwischen Realität und Fiktion, mit der Tante als einer der Protagonistinnen.

Diese Tante Jayanti hatte immer Verständnis für Pande, bei ihr gab es keine Tabus. »Jeder konnte tun und sein, was er oder sie wollte. Es war kein gewöhnliches Mittelklassehaus. Es war ein verrücktes Haus. Einmal wurde groß getafelt und das ganze Haus verwandelte sich in ein riesiges Speisezimmer. Dann wurde tagelang nicht gekocht, und alle schauten selbst, wie sie satt wurden. Es herrschte vollkommene Freiheit. Und das finde ich schon wunderbar, daß es einer Mittelklassefamilie gelang, sich ihr Terrain so sicher abzustecken.«

Und weil es keine Tabus gab, geriet Jayanti auch nicht aus der Fassung, als sich herausstellte, daß der jüngere ihrer beiden Söhne schwul war. »Na und«, sagte sie, »als ich mit ihm schwanger war, habe ich soviel über Frauen und Göttinnen nachgedacht, vielleicht ist das der Grund.«

Mitte der neunziger Jahre verstarb Jayanti, an Pandes Geburtstag. Mitten in die Feier hinein kam der Anruf mit der Nachricht von ihrem Tod. Kurz zuvor hatte sie Pande noch gebeten, sie bald einmal zu besuchen und ihr aus der »Bhagavat Gita« vorzulesen, da sie mit der Sanskrit-Aussprache ihrer eigenen Söhne nicht zufrieden war. »Es tut mir wirklich leid, daß ich ihr nicht mehr aus der ›Gita‹ vorlesen konnte.« Ebenso leid tut es ihr, daß die Tante bei der Arbeit am Buch »Devi« nicht mehr mithelfen konnte. Sie hätte soviel beitragen können mit ihrem unerschöpflichen Wissen. »Gegen Ende ihres Lebens war sie dann schon blind und schwach. Jedes Mal, bevor ich zu ihr fuhr, bat sie mich, stark duftende Blumen mitzubringen. Mit dem Alter, erklärte sie mir, würden alle Sinne nachlassen, nur der Geruchsinn nicht, also wollte sie sich mit Blumen umgeben«, erzählt Pande und lacht. Und wieder beginnt ihr Gesicht zu strahlen. »Tante Jayanti hatte ihre eigene Logik und ihre eigene Lebensart. Sie war eine wunderbare Frau.«

Der erste Tropfen

Im Kampf gegen die Narmada-Staudämme hat Medha Patkar eine Mitstreiterin in der Autorin Arundhati Roy gefunden

Mai 2000 im westindischen Bundesstaat Gujarat. In weiten Teilen der Region ist die Erde verdorrt, haben sich Flußbette in braune Streifen verwandelt, in denen kein einziger Tropfen Wasser mehr sichtbar ist, sind vor allem die kleineren Brunnen, aus denen die Mehrheit der Dorfbewohner ihr tägliches, lebensnotwendiges Wasser bezieht, ausgetrocknet. In zahllosen Orten müssen Frauen schon lange vor Tagesanbruch aufstehen und dann viele Kilometer zu Fuß zurücklegen bis zur nächsten Wasserquelle, an der sie einige Tonkrüge oder Metallgefäße füllen können.

Doch nicht nur Gujarat ist betroffen. Aus einem halben Dutzend Bundesstaaten, von dem an der Grenze zu Pakistan gelegenen Rajasthan bis ins östliche Orissa, bringen die Medien Tag für Tag erschütternde Bilder einer Dürre, unter der bis zu einhundert Millionen Inder leiden sollen. Über Tausende Kilometer hinweg gleichen die Szenen einander: An einem Ort warten seit Stunden Hunderte Frauen mit Eimern und Krügen, Töpfen und Kanistern auf die von den Behörden versprochenen Lastwagen oder Züge, die ihnen an diesem Tag Wasser bringen sollen. An einem anderen Ort ist nach Ankunft eines solchen Lasters gerade wieder ein Streit um das kostbare Gut ausgebrochen. An einem dritten Ort haben Menschen einfach den Boden aufgegraben und die darunterliegenden Wasserrohre angebohrt: Nun sitzen sie da und waschen ihre Kleider. Andere Bilder zeigen verendete Tiere oder verzweifelte Bauern, die mit dem Vieh ihre Existenzgrundlage verloren haben. In einigen Dörfern werden bis aufs Skelett abgemagerte Esel immer noch dazu angetrieben, im Kreis zu laufen und damit die Hebel der Pumpen schneller zu betätigen: Vielleicht ist dann dem Boden doch noch ein wenig Wasser zu entziehen.

Meldungen von Erkrankungen langen ein: In dem einen Tank soll das Wasser verunreinigt gewesen sein, ein Dutzend Personen sei an Diarrhöe erkrankt. Ein Zug in Orissa soll verschmutztes Wasser angeliefert haben: An die einhundert Menschen hätten ernste Folgeerscheinungen. Und dann die ersten Berichte über Selbstmorde: Mehrere Bauern – nur von Männern war zunächst die Rede – hätten keinen anderen Ausweg mehr gesehen, als sich selbst zu vergiften.

Selbst ein schwacher Monsun wie der im Jahr zuvor müßte nicht so verheerende Auswirkungen nach sich ziehen, meinen Experten. Hätten sich die Politiker von der Lokal- bis hin zur Bundesebene bei der Verwaltung der Wasserressourcen des Landes nicht schlimmster Versäumnisse schuldig gemacht, hätten sie eine Wasserpolitik betrieben, die diesen Namen verdient, dann würde Indien nicht schon wieder von einer dramatischen Dürrekatastrophe heimgesucht.

In diesen Tagen wird heftig debattiert, ob diese Dürre überhaupt eine Naturkatastrophe ist oder ob sie nicht vielmehr von den Menschen selbst verursacht wird. Für führende Mitglieder der Regierung von Gujarat besteht da kein Zweifel: Selbstverständlich sind Menschen daran schuld, aber nicht Politiker wie sie selbst, sondern die Aktivisten der NBA (»Narmada Bachao Andolan«, »Rettet den Narmada-Fluß«), deren Leiterin »davon besessen ist, in internationalen Foren zu punkten, dabei aber jedes echte Interesse für das öffentliche Wohl im eigenen Land vermissen läßt«.

Gemeint ist Medha Patkar mit ihren Mitstreitern, die seit knapp zwei Jahrzehnten alles daransetzen, die weitere Umsetzung des Narmada-Staudammprojekts, eines der weltweit größten Flußentwicklungsvorhaben, zu verhindern und die dabei bereits beachtliche Erfolge erzielt haben. In der mit ihrem Erstlingsroman »Der Gott der kleinen Dinge« weltweit berühmt gewordenen Autorin Arundhati Roy hat NBA seit kurzem ein überzeugtes und wortgewaltiges Mitglied gefunden, das keine Gelegenheit ausläßt, die verheerenden Sozial- und Umweltfolgen dieses Plans anzuprangern.

»Die regionalen Zeitungen in Gujarat berichten entweder gar nicht oder negativ über uns und die Aktivitäten der NBA«, sagt Medha Patkar. Doch die Medienberichterstattung über die aktuelle Dürre, deren Folgen und Ursachen hält sie insgesamt für sehr vielseitig. Für Patkar sind es arbeitsintensive Tage. Über allem steht für sie stets der Kampf im Narmada-Tal. Die Tätigkeiten in diesem Bereich erstrecken sich vom Engagement in den von Überflutung betroffenen Dörfern bis hin zu Eingaben bei Gerichten, staatlichen und internationalen Stellen. Doch das Thema Narmada ist eingebettet in ein umfassenderes Engagement für ein neues Entwicklungsparadigma. Vor Jahren schon hat sich die »Nationale Allianz der Volksbewegungen für eine Gerechte und Nachhaltige Entwicklung« (»National Alliance of People's Movements for Just and Sustainable Development«, NAPM) gebildet. Hunderte kleine und größere Gruppen von *dalits* (»Unberührbaren«), *adivasis* (»Ureinwohnern des Subkontinents«), Fischern, Kleinbauern und Bäuerinnen, Arbeitern in Landwirtschaft und Industrie, aber auch Frauenorganisationen, Anwältinnen, Künstler, Wissenschaftler und Journalisten kämpfen im Rahmen der NAPM gegen Unterdrückung und Zerstörung, Ausbeutung und Vertreibung im Namen einer fragwürdigen Entwicklung. »Entwicklung wohin, Fortschritt für wen?« wird auf der NAPM-Broschüre der mit dem Nobelpreis ausgezeichnete, große indische Dichter Rabindranath Tagore zitiert. Wessen Leben, wessen Existenzbasis wird auf dem Weg zu diesem Ziel geopfert? Diese Frage scheint sich bei vielen Projekten und eben auch beim Narmada-Damm kaum einer der Planungsbeauftragten je zu stellen, weiß Patkar nur zu gut.

Sie ist an diesem Tag gerade erst von einer NAPM-Tagung in Jaipur im Bundesstaat Rajasthan nach Mumbai gekommen, noch um Mitternacht haben ihr Mitarbeiter bei der Station Vadodara eine Mappe mit aktuellen Zeitungsausschnitten über die Dürre und die Debatten zum Thema Wasserversorgung zum Zug gebracht. Nun sitzt sie, umgeben von Hunderten Dokumenten, auf dem Boden. Auf einem kleinen Tischchen steht das Telefon, das unablässig läutet. Einmal ist ein Bezirksvorsteher aus Gujarat dran. Warum, fragt ihn Patkar, ist der Zement für den von den Bürgern selbst gegrabenen neuen Brunnen noch immer nicht geliefert worden? Mitstreiter der NBA rufen aus Neu Delhi an, um über den jüngsten Stand der dort bei Gericht anhängigen Narmada-Verfahren zu berichten. Ein Ingenieur bietet per Telefon an, mitzuhelfen bei der Wiederbelebung alter und der Entwicklung neuer Wasserauffangmethoden.

Auch in den anderen Räumen der zu einem Büro umfunktionierten Wohnung wird telefoniert, getippt, kopiert, diskutiert. Ein Mitarbeiter sorgt für die nächste Runde Kaffee. Noch ist genügend Platz in der Küche. Doch die Koffer und Taschen der nur vorübergehend hier weilenden Aktivisten türmen sich schon. Selbst der Vorraum ist zum Büro umfunktioniert worden. Da steht auch der Computer mit dem Internetanschluß, der selbst mit einer so beschäftigten Frau wie Medha Patkar die Terminvereinbarung zu einer Leichtigkeit werden läßt. Vor ein paar Jahren hätte dieses Unterfangen noch bedeutet, verschiedene Büros anzurufen, dann immer wieder Mitarbeiter an der Leitung zu haben, die nur einer Regionalsprache mächtig waren, es wieder und wieder zu versuchen. Heute genügen einige E-Mails – Zeitaufwand insgesamt keine Viertelstunde.

Nur noch ein paar Minuten möge ich mich

gedulden, bedeutet mir Patkar und reicht mir ein Album mit Fotos über Aktionen im Tal. Protestmärsche sind da dokumentiert, man sieht Dörfer, wie sie heute aussehen, sofern es sie noch gibt. Dann folgen Bilder von Dorfbewohnern, zwischen ihnen auch Patkar, denen im wahrsten Sinn des Wortes das Wasser bis zum Hals steht: Immer wieder haben sich Menschen im Tal geweigert, trotz der bevorstehenden Überflutung ihre Dörfer zu verlassen. Sie waren entschlossen, »dann eben zu ertrinken«. Polizisten, die das verhindern sollten, mußten sie buchstäblich wegschleppen.

»Mein Vater war ein Freiheitskämpfer und verbrachte deswegen ein Jahr im Gefängnis, nach der Unabhängigkeit (Indiens von den Briten, 1947) engagierte er sich als Gewerkschafter. Meine Mutter, die damals berufstätig war – jemand mußte die Familie ja ernähren –, hat sofort nach ihrer Pensionierung eine Frauenorganisation gegründet. Damit war mein Lebensweg ja wohl vorgezeichnet«, kommentiert Patkar ihre Laufbahn als Aktivistin. Natürlich wäre auch der in dem erst wenige Jahrzehnte unabhängigen Indien hoch angesehene Staatsdienst eine Option gewesen, »oder ich hätte Medizin studieren können«. Doch dafür ließ der 1956 Geborenen das von Jugend an selbstverständliche soziale Engagement zu wenig Zeit. Dieses konnte Patkar besser mit einer Ausbildung an der Tata-Sozialakademie vereinbaren, an der sie auch eine Zeitlang lehrte, bevor sie 1983 nach Gujarat ging, um dort die *adivasis* beim Aufbau von Selbsthilfegruppen zu unterstützen.

In Gujarat erfuhr sie erstmals auch mehr über das Narmada-Projekt. Über rund 1300 Kilometer fließt der Fluß durch insgesamt drei Bundesstaaten, vom zentralindischen Madhya Pradesh Richtung Westen über Maharashtra und Gujarat und dort in den Golf von Cambay im Indischen Ozean. In einem der weltweit größten Flußtalprojekte sollen hier dreißig große und Hunderte kleine Dämme errichtet werden. Hunderttausende Menschen würden damit vertrieben, die Mehrheit von ihnen *adivasis* und *dalits*. Wertvolle Wälder, darunter auch Habitate seltener Tier- und Pflanzenarten würden überflutet. Schon sehr früh forderten Gegner daher eine Kosten-Nutzen-Analyse.

Patkar traf bald nach ihrer Ankunft in Gujarat eine Anwältin, die gegen die Betreiber des Dammprojekts prozessieren wollte. Doch als Patkar mit der Juristin dann von einem betroffenen Dorf zum nächsten wanderte, wurde rasch klar: Was würde ein Gerichtsverfahren bringen, wenn die Menschen in den Dörfern weder informiert noch organisiert waren? Wenn sich die Betroffenen gar nicht in der Lage sahen, Widerstand zu leisten? Eben, weil sie gar nichts wußten. Sie hatten wohl von dem Staudammprojekt gehört, aber welche Folgen es für sie haben würde, darüber hatte man sie nie informiert. »Manche Leute«, erzählt Patkar, »glaubten auch, daß sich der Plan nie würde realisieren lassen, denn der in der Hindu-Mythologie verankerte Fluß würde sich, wie sie meinten, zur Wehr setzen und den Damm sprengen.«

Patkar begann alle Etappen der Entstehungsgeschichte des Narmada-Projekts, genau zu erforschen. Sie beschaffte sich alle nur verfügbaren Dokumente, von der Lokal- wie der Bundesregierung, von Experten, aber auch von der Weltbank, die – damals noch, bevor sich Patkar der Sache annahm – das Projekt unterstützte: Narmada, das wurde Patkar alsbald klar, »war lediglich ein Symbol dessen, was in so vielen Regionen passierte, die von den Ärmsten und sozial wie ökonomisch am meisten Benachteiligten bewohnt waren. Die Menschen wurden nicht informiert, sie wurden nicht konsultiert, nicht in die Planung einbezogen. Keiner hat sich je bei ihnen erkundigt, ob sie bereit seien, ihr Land und ihre Heimatorte an ihrem Fluß aufzugeben.« Ja, es wurde nicht einmal untersucht, wieviele Menschen durch die Überflutungen umgesiedelt werden müßten, wo man ihnen wieder eine neue Existenzbasis verschaffen könnte und wieviel das kosten würde. »Die Menschen wurden einfach behandelt wie Ameisen und Insekten.«

Solche Worte erinnern an Arundhati Roy, die zugibt, sich in gewissen Situationen einfach keiner nüchternen Sprache bedienen zu können. Von Menschen hat sie gesprochen, die im Narmada-Tal »wie Käfer zertreten« werden »von diesem Land, das ihre Heimat sein will«. Roy hat der Anti-Damm-Kampagne bereits die Tantiemen aus einigen Ausgaben von »Der Gott der kleinen Dinge« in indischen Sprachen sowie das Geld, das ihr der britische Booker-Preis für ihr Werk eintrug, zukommen lassen. Im Frühsommer 1999 verfaßte sie dann eine Streitschrift gegen das Projekt.

Indien, erinnert Roy in ihrer Schrift, ist – im Namen des nationalen Fortschritts – einer der größten Dammbauer der Welt. In den knapp über fünfzig Jahren seit der Unabhängigkeit hat es 3300 große Staudämme gebaut. »Die Stauseen haben Millionen Menschen heimatlos gemacht. Doch es gibt keine Akten darüber, wieviele Menschen vertrieben wurden. Indien hat nicht einmal ein nationales Wiedereingliederungsprogramm.« »Flüchtlinge eines verdeckten Krieges« nennt Roy die Vertriebenen, Opfer eines Entwicklungsparadigmas, das doch nicht verhindern konnte, daß es heute »mehr durch Überschwemmung und Dürre gefährdete Gebiete (gibt) als 1947«.

Anläßlich der durch die Dürre im Mai 2000 ausgelösten neuen Narmada-Debatte meldete sich Roy noch kurz vor ihrer Abreise zum Filmfestival in Cannes, wohin sie als Jurorin berufen worden war, in einem Artikel für das Magazin *Outlook* wieder zu Wort. Der Sardar-Sarovar-Damm sei für manche Menschen geradezu zu einer göttlichen Instanz geworden, meinte sie. Der Weg aus der Misere führe aber über kleinere, lokale, dezentralisierte Projekte, die von der Regierung von Gujarat zugunsten des Narmada-Dammes vollkommen vernachlässigt würden.

Roy, gelernte Architektin und Aerobic-Lehrerin mit Filmerfahrung, wußte, worauf sie sich mit ihrem Engagement gegen das Narmada-Projekt einließ. Überraschend konnten für sie weder die Schmähungen von seiten der Dammverfechter noch die Verbrennungen ihrer Anti-Damm-Schrift durch die Jugendorganisation der Kongreßpartei, die Rücknahme einer Einladung zu einem Literaturtreffen in einem Rotarierclub in Gujarats Hauptstadt Ahmedabad oder die von einer Reihe von Organisationen in Gujarat ausgesprochene Erklärung zur »persona non grata« sein. Roy hatte sich ja zuvor nicht nur im Narmada-Tal umgesehen, sie hatte sich auch intensiv mit der Literatur zum Thema befaßt.

Medha Patkar konnte Mitte der achtziger Jahre dagegen noch nicht ahnen, worauf sie sich mit ihrem Einsatz gegen den Narmada-Staudamm eingelassen hatte und wie dieses Anliegen ihr künftiges Leben bestimmen würde. »Es ist einfach so gekommen. Ein Schritt hat den nächsten ergeben.« Wenn sie das sagt, klingt das fast leicht und unbeschwert. Aber das Leiden hervorzukehren, ist nicht Patkars Sache. Immer wieder sind sie selbst und ihre Mitstreiter bei Kundgebungen tätlich angegriffen, geprügelt und verhaftet worden. Frauen aus der Bewegung wurden vergewaltigt, ein Jugendlicher wurde bei einem Schußwechsel getötet, Aktivisten wurden gefoltert. »Doch trotz allem, was die Menschen durchgemacht haben, ist die Unterstützung für die Sache enorm. Nur wenige haben die Bewegung verlassen, einige sind auch wieder zurückgekehrt, viele neue dazugekommen. Auch in den schlimmsten Phasen ist es immer gelungen, einen Schritt nach vorne zu machen, etwas Konkretes zu erreichen.« Die Weltbank mußte aufgrund des Drucks von der Basis schließlich ihre eigene Politik überprüfen und revidieren. »Und es war immer auch ein sehr interessanter Prozeß, nachzuforschen, zu ermitteln, herauszufinden, was die Mechanismen bei solch einem

Projekt sind und wie die Räder ineinander greifen. Uns dieses Wissen anzueignen, das war echtes ›Empowerment‹.«

Dabei gab es natürlich auch hier am Anfang Skepsis. Eine Frau, eine Städterin noch dazu, die da so unvermittelt in entlegenen Dörfern Gujarats auftauchte. Was wollte, was konnte die denn bewirken? Aber Patkar fühlte sich wohl und sicher. Bei den *adivasis* hatte sie schon in ihrer Kindheit an Projekten mitgearbeitet. Öffentliche Reden halten, hatte sie früh gelernt. Also brauchte sie sich lediglich über die Sachlage in den Dörfern zu informieren, dann würden die Bewohner schon merken, daß sie wußte, wovon sie sprach. Zunächst hatte sie es freilich stets mit den Männern zu tun. »Die Frauen kamen nicht zu Dorfversammlungen. Es waren immer nur lauter Männer – und ich als einzige Frau, bei der sie immerhin sehen konnten: Das ist kein unbedarftes Mädchen aus der Stadt.«

Nur indirekt gaben ihre Gesprächspartner ihr zu verstehen: gegen den Dammbau hätten sich bereits Mächtigere zur Wehr zu setzen versucht. Auch einige Politiker hatten in den siebziger Jahren ihre Stimme gegen das Projekt erhoben – und konnten letztlich nichts ausrichten. Die Errichtung des Sardar-Sarovar-Damms wurde beschlossen und, wie die einer Reihe anderer Dämme, in Angriff genommen. Patkar ließ sich davon nicht abschrecken. Weder die Höhe der Hürden noch die Autorität derer, die diese aufgebaut hatten, konnten sie einschüchtern, ob in Indien oder in den USA.

Acht Minuten sollte sie vor dem zuständigen

Ausschuß im amerikanischen Kongreß in Washington sprechen dürfen? Nur acht Minuten? Was sollte man denn in einer so kurzen Zeit sagen? Wie sollte man denn da die Komplexitäten eines Projekts wie Narmada darstellen? »Da dachte ich mir, wenn die mir wirklich nach acht Minuten mit einem Glockenzeichen das Ende bedeuten, dann hör ich nicht nur auf, ich verlasse sofort den Raum, ich gehe. Wenn es ihnen wirklich ernst ist, werden sie mir zuhören, bis ich fertig bin«, erinnert sich Patkar und betont: »Dieses Tempo. Schon vom Flughafen wird man abgeholt und direkt zum ersten Termin gebracht. Dort soll dann alles kurz und knapp sein.« In Indien laufen die Dinge schon anders: »Da haben wir große Treffen und sehr lange.«

Fünfmal so lang wie vom Kongreß vorgesehen wurde Patkars Präsentation im Jahre 1989 schließlich. »Ich sprach volle vierzig Minuten lang. Der Vorsitzende des Ausschusses sagte, laßt sie weiterreden. Und nach dem Mittagessen ist er eigens noch zu meinem Diavortrag zurückgekommen.« Patkars Auftritte vor dem amerikanischen Kongreß, aber auch der Weltbank, zeigten ihre Wirkungen. Auch hier erhoben sich plötzlich Stimmen für eine Suspendierung des von der Weltbank großzügig mitfinanzierten Narmada-Projekts. Im Tal selbst begaben sich zur Jahreswende 1989/90 mehrere tausend Vertriebene und ihre Sympathisanten auf einen »langen (Protest-)Marsch«, um von der indischen Regierung eine neuerliche Bewertung des Narmada-Projekts zu fordern. Patkar und sechs weitere Personen traten in einen 22tägigen Hungerstreik. Wenige Monate später wurde ein von der Weltbank finanziertes »Unabhängiges Überprüfungskomitee« eingesetzt. Dessen Bericht wartete Japan erst gar nicht ab. Bereits im Frühjahr 1990 strich Tokio unter dem Eindruck eines in der Stadt abgehaltenen Narmada-Symposiums die Gelder für den Sardar-Sarovar-Damm.

Für ihre Bemühungen wurden Patkar und Baba Amte – der 1914 Geborene hatte jahrzehntelang Leprakranke betreut, bevor auch er sich der Anti-Damm-Kampagne anschloß – 1991 mit dem Alternativen Nobelpreis ausgezeichnet. »Es gibt keinen anderen Weg, als die Ziele der Entwicklung neu zu definieren, im Sinne einer gerechten Gesellschaft, die auf einer harmonischen, nicht-ausbeuterischen Beziehung der Menschen untereinander sowie zwischen den Menschen und der Natur beruht«, erklärte Patkar damals.

Ein Jahr später lag der unabhängige Expertenbericht vor und bestätigte zahlreiche der von der NBA gegen Narmada eingebrachten Bedenken. NBA konnte zu diesem Zeitpunkt bereits auf eine breite Solidarität unter mehr als zweihundert NGOs (»non-governmental organisations«, »Nichtregierungsorganisationen«) in mehreren Dutzend Staaten zählen, die aufgrund des Berichts den Druck erhöhten: Anfang 1993 zog sich die Weltbank schließlich ganz aus dem Projekt zurück. Auch in Indien wurde, nach Verzögerungen sowie weiterer Gewalt und spektakulären neuen Protesten, bei denen Aktivisten mit Selbstmord drohten, eine Überprüfungskommission eingerichtet. Nach weiteren Protesten wurde der Bericht schließlich auch veröffentlicht.

Wie schon andere Dokumente zuvor, stellte dieser Bericht ebenfalls die Daten, aufgrund derer das Dammprojekt konzipiert worden war, in Frage und übte schwere Kritik an den Umsiedelungsplänen. Im Januar 1995 verfügte Neu Delhi einen vorläufigen Baustopp für den Sardar-Sarovar. Vier Jahre lang stand das Projekt still, bis es den Befürwortern doch noch gelang, seine Wiederaufnahme zu erwirken.

Wird sich die Errichtung des Damms in voller Höhe nun noch verhindern lassen? Derzeit ist das nicht abzusehen. »Aber wir werden bis zuletzt dafür kämpfen«, sagt Patkar. Es ist Abend geworden, die Temperatur, die zu Mittag noch um die 35 Grad betrug, ist ein wenig gefallen. In wenigen Tagen werden frühe Monsungüsse die Finanzmetropole des Subkontinents für einen gesamten Tag unter Wasser setzen. Zehntausende werden – wie jedes Jahr des öfteren – ihre Büros nicht erreichen können, Züge werden den Betrieb einstellen müssen.

Und der Großteil des Wassers wird weder in Tanks noch auf irgendeine andere Art und Weise aufgefangen werden. Darin liegt für Patkar das wahre Problem und zugleich der Ansatz für sinnvolle Lösungen. »Wir müssen mit dem ersten Tropfen Wasser beginnen, dort wo er fällt«, sagt sie und verweist auf die vielen traditionellen Auffangmethoden. Doch die sind in jüngster Zeit häufig aufgegeben worden, Dorfteiche wurden vernachlässigt, Speicher blieben ungenutzt.

Es fehlt, sagt Patkar, eine Wasserpolitik. Die Eliten auf dem Land und in den Städten, und dazu zählen natürlich auch die Industriellen und

Großbauern, verbrauchen unkontrolliert Wasser. »Wenn ein Grundbesitzer mit seinem Hi-Tech-Brunnen aus mehreren tausend Metern Wasser zieht, trocknen Hunderte kleine Brunnen in der Umgebung aus. Die Statistiken zeigen, daß 15 Prozent der Bevölkerung 85 Prozent des Wassers konsumieren.« Zuerst, fordert Patkar, muß die Trinkwasserversorgung für alle sichergestellt werden, dann muß dafür gesorgt werden, daß jeder Kleinbauer genug Wasser bekommt, um sein Vieh zu tränken und eine Ernte einfahren zu können. »Dämme sind da keine Lösung, denn zu den wirklich von der Dürre betroffenen Gebiete gelangt kaum Wasser: Auf dem Weg dahin liegen zu viele Städte, Industrien, Felder, auf denen Exportgüter angebaut werden.« Roy würde hier noch die Touristenparadiese, Golfplätze, deren Pflege besonders wasserintensiv ist, sowie die Freizeitzentren für die oberen Zehntausend anfügen.

»Wir werden nicht aufgeben«, sagt Patkar, die an den folgenden zwei Tagen an einem Seminar über Wassermanagement teilnehmen wird. »Wir werden den Kampf weiterführen« – einen Kampf, dessen größte Ressource, wie es bei NBA heißt, »stets der Mut und die Entschlossenheit der Tausenden *adivasis* und Bauern im Tal selbst gewesen ist.« Arundhati Roy setzt darauf, daß die Zeit kommen wird, »wo wir große Dämme nicht mehr als erste, sondern nur noch als allerletzte Lösung betrachten. Es würde ein Ende des Durstes in Gujarat bedeuten. Es würde einen Sieg für die Grundsätze der Demokratie bedeuten. Es würde bedeuten, daß wir noch Hoffnung haben.«

Das Gesicht hinter der Maske

Ein Frauenarchiv arbeitet die andere Geschichte Indiens auf

Der Name sollte etwas Leichtes und Lebendiges haben. »Feminismus muß nicht immer nur Kampf bedeuten, Frauenforschung ist so faszinierend und macht soviel Spaß,« erklärt C. S. Lakshmi, wie das von ihr mitbegründete Archiv zu seinem Kürzel »Sparrow« (»Spatz«) kam. Der volle Name würde sich dann nach einigem Wortjonglieren schon finden, war sie sich sicher. Und er fand sich: Als »Sound and Picture Archives for Research on Women« (»Ton- und Bildarchiv für Frauenforschung«) bezeichnet sich das Zentrum, das nach seiner Gründung 1988 zunächst die Adresse von Lakshmis eigener Wohnung in Mumbai hatte, heute aber in einem eigenen Quartier mit Computer- und Archivraum im Stadtteil Andheri untergebracht ist. Eigenständig und doch beengt, denn das Material wird immer mehr: Bücher, Aufzeichnungen mündlich erzählter Lebensgeschichten, Fotos, Filme, Poster über und von Frauen, das braucht Platz und muß in einem so feuchtheißen Klima wie dem der indischen Finanzmetropole auch richtig aufbewahrt werden. Und dann soll das Ganze natürlich auch der Öffentlichkeit zugänglich gemacht werden. Doch dafür fehlen die Finanzen. Vorerst noch.

Alles wird sich finden, läßt Lakshmi sich nicht unterkriegen und auch nicht die Laune verderben. Das Archiv ist ihr Leben, das eine, versichert sie glaubhaft, ist vom anderen nicht zu trennen. »Alles daran macht Spaß, selbst die Buchhaltung«, muß sie über ihre eigene Begeisterung lachen. Aber sie hat es sich ja so ausgesucht – und aussuchen können.

Natürlich, den Eltern wäre es schon lieber gewesen, wenn sie ihre akademische Karriere weiter verfolgt hätte. »Da gleichen sich doch die Menschen über die Kontinente und Kulturen hinweg«, meint Lakshmi. »Die Tochter ist Universitätsprofessorin. Das würde ja viel besser und respektabler klingen als: Die Tochter hat ihr Frauenarchiv. Welches Archiv? Wofür? Das müssen die Eltern dann erst wieder erklären. Es ist ihnen einfach irgendwie peinlich.« Aber sie haben es hingenommen, so wie sie sich darin gefügt haben, daß Lakshmi einen Filmemacher heiratete – es hätte doch ein rupienschwerer Geschäftsmann sein können – und daß die beiden ihren Beruf über alles stellten und sich gegen das Kinderkriegen entschieden, gleich damals, nach der Hochzeit vor 24 Jahren. Doch so war es nun einmal.

Zu selbständigen und selbstbestimmten Wesen hatte Lakshmis Vater ja seine Kinder heranziehen wollen und zu gut ausgebildeten. »Es war kein leichtes für ihn, allen die Schule zu finanzieren, den Mädchen und den Buben. Aber er sagte: ›Über nennenswerte Besitztümer verfügt die Familie nicht, der Reichtum, den ich euch mitgebe, ist die Bildung.‹« Lakshmi brachte es bis zum Doktorat. Als eine, wie sie sich nennt, »jener marodierenden Inderinnen« wurde sie im südlichen Bundesstaat Tamil Nadu geboren. Aufgewachsen ist sie in der heute als Indiens Silicon Valley international renommierten südlichen Stadt Bangalore, dissertiert hat sie in der Hauptstadt Neu Delhi im Fach Internationale Beziehungen über die Politik der USA gegenüber den Ungarnflüchtlingen 1956. Niedergelassen hat sie sich schließlich in Mumbai und – dank dieser Wanderjahre mehrerer indischer Sprachen mächtig – ganz der Frauenforschung verschrieben. Auf ihre Art. Die akademische Welt war ihr zu eng, sie benötigte mehr Freiraum.

Lebenswege von Frauen, deren Probleme und Strategien, Wahlmöglichkeiten und tatsächlich getroffene Entscheidungen, damit beschäftigte sie sich erstmals in einem Buch über Autorinnen in Tamil Nadu. Es trug den Titel »Das Gesicht hinter der Maske«, und hinter die Maske oder einfach unter die Oberfläche von Frauenleben zu blicken sollte zum neuen Inhalt von Lakshmis eigenem Leben werden. Es geht ihr um all jene Geschichten, die aus der offiziellen Geschichtsschreibung ausgeklammert werden. Um die Lebenswege der ersten indischen Wissenschaftlerinnen, Dichterinnen und Künstlerinnen ebenso wie um die Frauen in der Unabhängigkeitsbewegung der ersten Hälfte des 20. Jahrhunderts, um Pionierinnen auf welchem Gebiet auch immer, um Aktivistinnen, um Frauen, die Außergewöhnliches geleistet haben, oder einfach um die Frauenperspektive zu diversen zeitgeschichtlichen Ereignissen wie den schweren Unruhen in Mumbai 1993, die auf die Zerstörung einer Moschee im nördlichen Ayodhya durch radikale Hindus folgten.

Bei rund 15 fixen Mitarbeiterinnen – rund, weil Eheschließungen, Schwangerschaften und auch die Versetzung von Ehepartnern immer wieder den Abschied von Kolleginnen nach sich ziehen – erfordert ein so unüberschaubares Gebiet natürlich Planung. Bei den regelmäßigen Treffen der fünf »Trustees« werden daher gewisse Forschungsschwerpunkte gesetzt. Dazu kommen Anregungen von außen oder auch von den Medien. Wie jüngst die folgende Geschichte über eine fliegende Obstverkäuferin in Kalkutta. Deren Mann war vor Jahren an einer Krankheit gestorben, die zu heilen es ein leichtes gewesen wäre, hätte das Paar sich nur einen Arzt leisten können. Nach dem frühzeitigen Tod des Partners, so der kurze Zeitungsbericht, habe die Frau beschlossen, zumindest einen ihrer Söhne zu so eifrigem Lernen zu ermutigen, daß er sich mit hervorragenden Noten den Anspruch auf Stipendien und die Zulassung zum Medizinstudium sichern würde. Der Plan gelang: Heute soll dieser Sohn im Herkunftsdorf der Frau die erste örtliche kleine Klinik eröffnet haben. Die Mutter arbeitet weiter als Obsthändlerin, sie wolle gar nichts anderes, weil das einfach ihr Beruf sei. »So einem Bericht gehen wir natürlich sofort nach. Wir haben bereits eine qualifizierte Mitarbeiterin in Kalkutta beauftragt, die Frau ausfindig zu machen und ihre Geschichte zu erforschen«, sagt Lakshmi.

Bei diesen mündlich erzählten Lebensgeschichten gilt dabei: *die* Wahrheit gibt es nicht. Bei aller gründlicher Recherche, es bleibt die Geschichte jeder einzelnen Frau, so wie sie sich und ihr Leben zu diesem Zeitpunkt dargestellt und erinnert haben will. Will eine Frau einen bestimmten Lebensaspekt ausdrücklich weglassen, so wird das in einer Fußnote vermerkt. Auch wird festgehalten, wenn eine Frau in ihrer eigenen Lebensbeschreibung zeitgeschichtliche Daten durcheinanderbringt. Ansonsten aber soll es die ganz persönliche Geschichte jeder Frau bleiben, betont Lakshmi.

Und dieser Geschichte – jeder Geschichte – solle man sich doch bitte, das muß Lakshmi einfach hinzufügen, weil es ihr ein großes Anliegen ist, mit Respekt annähern. Was sie damit meint, erklärt sie sofort. Das Leben vieler Inderinnen mag geprägt sein von Armut, Ausbeutung und Gewalt, und im Bereich der Gewalt gibt es zweifelsohne Formen, die spezifisch sind für Indien. Nur, wie erfragt man das Erlebte im konkreten Einzelfall? Doch sicher nicht so, wie es ihr selbst bei Seminaren mit Forscherinnen aus dem Westen ergangen ist, die den direkten Weg wählten. »Wieviele Mitgiftmorde hat es denn in Ihrer Familie schon gegeben?« mußte sich Lakshmi da fragen lassen. Sollte sie da entgegnen: »Und wieviele Vergewaltigungen haben Sie schon erlebt?« Oder: »Wie oft werden Sie denn von Ihrem Partner geschlagen?« Nein, bitte, man möge von Indien halten, was man wolle, doch die Menschen dieses Landes seien keine Studienobjekte, die man nach Belieben und ohne jegliche Rücksichtnahme von außen und innen betrachten dürfe. Den gleichen Respekt fordert sie auch von den Studentinnen jener Colleges, mit denen das Archiv regelmäßig Workshops veranstaltet. Da werden Frauen eingeladen, um ihre Lebensgeschichten zu erzählen und den Städterinnen den unmittelbaren Kontakt mit einigen der vielfältigen Realitäten des Subkontinents zu ermöglichen. Wenn diese Frauen erzählen, dann wird sie, Lakshmi, »sehr demütig«, dann »wird mir bewußt, wie leicht ich es gehabt habe, wie wenig ich kämpfen mußte im Vergleich zu anderen«.

Wie etwa Urmila Pawar, die, als *dalit*, als »Unberührbare«, geboren, Jahrzehnte der Demütigung und Entbehrung durchleben mußte, bevor sie zur Feder griff und sich als Schriftstellerin etablieren konnte. Nun ist sie der Kritik von *dalit*-Männern ausgesetzt, die nicht hinnehmen wollen, daß sie über die Gewalt durch Angehörige höherer Kasten an den *dalits* hinaus eben auch jene Gewalt thematisiert, die *dalit*-Männer an den eigenen Frauen verüben.

Oder Sakhubai, eine *adivasi,* also eine Angehörige der Ureinwohner des Subkontinents: Wenn der Familie die Saatkörner ausgingen, mußte sie schon als kleines Mädchen bei fremden Familien Kinder hüten, um Saatkörner zu verdienen. Noch vor ihrer ersten Menstruation wurde sie an einen viel älteren Mann verheiratet; bei ihren zahllosen Fluchtversuchen wurde sie immer wieder zurückgeholt. Sie wurde Opfer von Gewalt und Mißhandlung, doch sie hat mehr als nur überlebt, sie hat sich zur Wehr gesetzt und sich Respekt verschafft: »Bevor sich die Frauen organisierten«, sagt sie, »mußten sie alle die Folter durch die Ehemänner ertragen.« Nun, da sie sich organisiert haben, haben sie »keine Angst mehr vor ihnen. Wir haben auch keine

Angst mehr vor Polizisten oder Forstbeamten … Heute sage ich zu meinem Mann: ›Wenn du deine Hand gegen mich erhebst, dann schlage ich zurück. Ich habe keine Angst mehr vor dir.‹«

Die Geschichten von Urmila Pawar und Sakhubai sind bereits veröffentlicht worden; die kleinen Büchlein werden nach und nach in einige der insgesamt 22 indischen Sprachen übersetzt, um sie möglichst vielen Frauen zugänglich zu machen. An die sechshundert Bücher und mehrere tausend Dias hat »Sparrow« bereits in seinem Archiv, hunderte Fotos und Cartoons, eine beträchtliche Anzahl von Tagebüchern, Video- und Tonkassetten. Und Lakshmis Begeisterung für ihre Arbeit ist ungebrochen. Ihre Forschungsarbeit, sagt sie, hat ihr auch eines klar gezeigt: »Die Lebensrealitäten von Inderinnen sind zu vielfältig, um sie in enge akademische Kategorien pressen zu wollen. Es gibt keine Schlußfolgerungen, die sich rasch und einfach ziehen lassen. Wir müssen zuerst die Welten der Frauen auf- und entdecken. Wir müssen möglichst viele von ihnen selbst zu Wort kommen lassen.«

Die laute Stimme der Frauen

Die Unberührbaren kämpfen für die Gleichstellung

»Wir leben in einer Gesellschaft, die Frauen als Göttinnen idolisiert und sie dann verbrennt. Laßt uns Brücken bauen, laßt uns gemeinsam kämpfen«, singen die vier Frauen vorne neben dem Podium zur Eröffnung. Mehr als einhundert Inderinnen haben sich an diesem Donnerstag im Mai zum monatlichen Treffen in einem Konferenzraum in der südlichen Stadt Bangalore eingefunden. Gemeinsam ist ihnen allen ein Leben in den Slums der fünf Millionen Einwohner zählenden, im Ausland heute für ihre Unternehmen im Bereich der Informationstechnologie bekannten Metropole. Die meisten Frauen sind *dalits,* die übrigen Angehörige niedrigerer Kasten oder Musliminnen. Viele sind mit ihren Familien nach Bangalore gezogen, weil sie in ihren Herkunftsdörfern kein Auskommen finden konnten.

Doch auch in der Stadt, respektive ihren Wohnvierteln, den Slums, fehlt es an allem. Wasser, Strom, solide Häuser, medizinische Versorgung, Schulen lauten die Hauptforderungen der Frauen. »Obwohl wir schwer arbeiten, werden unsere Mägen nie voll, leben wir in Ignoranz und mit Diskriminierung. Die Revolution ruft. Laßt uns vorwärts schreiten«, werden die Frauen ein wenig später singen. In ihrer Muttersprache Kannada, dem Landesidiom des Bundesstaates Karnataka, aber auch in Tamil, wie es im benachbarten Bundesstaat Tamil Nadu gesprochen wird. Lieder zu ihrer Lage, besonders jener der *dalits*, prägen den Tag.

Ziel der Zusammenkunft ist diesmal aber nicht der sonst übliche Erfahrungsaustausch, die gegenseitige Beratung und Unterstützung, sondern die Auseinandersetzung mit den Zielsetzungen der Beijing-plus-Fünf-Konferenz in New York im Juni 2000. Wozu hat die indische Regierung sich bei der vierten Weltfrauenkonferenz in der chinesischen Hauptstadt im September 1995 verpflichtet, welche Versprechen hat sie gehalten, das wollen Ruth Monorama und ihre Mitstreiterinnen von »Women's Voice« an diesem Tag mit den Frauen so besprechen, wie es auch im größeren Rahmen im Juni 2000 bei der Nachfolgekonferenz in New York geschehen soll. Ruth will die Frauen informieren und ihnen klarmachen: Wonach sie verlangen, ist mehr als nur angemessen. Als Bürgerinnen Indiens haben sie darauf jeden Anspruch. Sogar in internationalen Foren hat Neu Delhi die Erfüllung entsprechender Forderungen zugesagt. Wenn es noch nicht passiert ist, dann kann das nur eines bedeuten: Die Frauen müssen sich noch besser organisieren, noch klarer ihre Ziele formulieren und noch stärker Druck machen. Und sie müssen der Regierung auch immer wieder aufs neue nachweisen, wie wenige der mit viel Pomp angekündigten Entwicklungsprogramme tatsächlich umgesetzt werden.

»Jede Woche«, sagt Ruth den Frauen, »geht ihr in den Tempel. Aber vergeßt nicht die göttliche Kraft – *shakti* –, die ihr in euch tragt.« Ob sie nun göttlichen, weiblichen oder anderen Ursprungs ist, Kraft strahlen die versammelten Frauen jedenfalls reichlich aus. Kraft und die Entschlossenheit, etwas zu bewegen und zu verändern. Teils auf Stühlen, teils auf dem Boden haben sie sich in dem modernen, kühl und nüchtern gehaltenen Saal niedergelassen und ihn mit Farbe und Energie erfüllt. So, wie sie dasitzen, ergeben sie eines jener prächtigen bunten Bilder, an denen der Subkontinent so reich ist. Hellrot, grellgrün, orange, leuchtend gelb, violett, hellblau, marine, smaragd leuchten die Saris, viele Frauen tragen Blumen in den Haaren. Und während die Erwachsenen gebannt Ruths Worten lauschen, laufen einige der Kinder, die heute mitgekommen sind, zwischen den Müttern herum, kreischen und lachen und dürfen sein, wie sie sind, Kinder eben, für die heute ein freier Tag und einer zum Spielen ist. Nur von der großen bronzenen Öllampe vorne beim Podium, die zu Beginn des Treffens feierlich entzündet wurde, werden sie ferngehalten, denn wenn die kippt, könnte es gefährlich werden.

»Für neue Stadtautobahnen, Straßen und Flughäfen findet sich das Geld, doch was bleibt für die Armen?« Mit solchen Sätzen ruft Ruth die Frauen zum Kampf auf, auch sie selbst ein Bündel an Kraft und Energie. Groß gewachsen, kräftig gebaut und mit einer raumfüllenden Stimme ausgestattet, schlägt Ruth die Zuhörerinnen in ihren Bann. Wenn eine ihr rhetorisches Handwerk beherrscht, dann ist es Ruth. Mit provokativen Fragen, lauten Mahnungen und stets viel Humor gewinnt sie die Aufmerksamkeit der

Frauen. Nach einiger Zeit ist dann der Moment für ein weiteres Lied über die Lage der *dalits* gekommen. »Wir sind die ursprünglichen Bewohner des Landes, doch heute sind wir marginalisiert, ausgebeutet und unterdrückt. Wir müssen zusammen kämpfen. Lang lebe Baba Ambedkar!« Diese Schlußformel gilt dem Gedenken Bhimrao Ambedkars, des Architekten der indischen Verfassung und Vorkämpfers für die Rechte der *dalits*, der zugleich einer der ersten *dalits* war, die den Aufstieg in ein hohes Regierungsamt schafften. Ende der neunziger Jahre nahm dann mit Kocheril Raman Narayanan erstmals ein *dalit* das höchste Staatsamt, das des Bundespräsidenten, ein.

Mit dem Inkrafttreten der Verfassung im Jahr 1950 trat Indien, wie Ambedkar damals erklärte, »in ein Leben der Widersprüche. In der Politik werden wir Gleichheit haben, im sozialen und ökonomischen Leben Ungleichheit. In der Politik werden wir das Prinzip eine Person eine Stimme anerkennen. In unserem sozialen und ökonomischen Leben werden wir aufgrund unserer sozialen und ökonomischen Strukturen das Prinzip eine Person ein Wert weiter verleugnen … Wenn wir dies auf lange Sicht tun, werden wir damit unsere Demokratie in Gefahr bringen.« Nur die Zerstörung des Kastensystems, betonte Ambedkar an anderer Stelle, werde zur echten Emanzipation der Ausgestoßenen führen.

Rund 170 Millionen der inzwischen eine Milliarde Inder sind *dalits*, also Angehörige jener Gruppe, die unter- und außerhalb des hinduistischen Systems mit seinen vier Haupt- und Tausenden von Unterkasten steht. Rechnet man dazu noch die christlichen und muslimischen *dalits*, so steigt die Zahl auf 240 Millionen. Die von der Nationalen Kampagne für die Menschenrechte der *dalits* zusammengetragenen Daten belegen, daß die *dalits* überall weitaus schlechter abschneiden als die übrigen Inder. Leben insgesamt rund 35 Prozent der Bevölkerung unter der Armutsgrenze, so sind es bei den *dalits* knapp 45 Prozent. Ähnliche Differenzen ergeben sich bei der Alphabetisierungsrate, der Kindersterblichkeit und der Lebenserwartung. In vielen Dörfern müssen die *dalits* weiterhin von der übrigen Bewohnerschaft klar abgegrenzt leben, dürfen weder die Dorfbrunnen benutzen noch sich den Tempeln nähern. Ihr Leben ist gekennzeichnet von Ausbeutung, Gewalt und oft auch Zwangsarbeit.

Die *dalit*-Frauen befinden sich dabei in einer noch mißlicheren Lage als ihre Männer. Sie leiden unter einer noch schlechteren Ernährung, haben noch weniger Zugang zu Bildung und sind darüber hinaus der Gewalt durch ihre eigenen Väter, Brüder, Ehemänner und Söhne ausgesetzt. »Während die Frauen in vielen Organisationen Seite an Seite mit den Männern oder als Frauengruppen für die Rechte der *dalits* kämpfen, sind noch die allerwenigsten in der Lage, in der eigenen Familie die Diskriminierung und Gewalt zur Sprache zu bringen und sich dagegen zur Wehr zur setzen«, sagt eine, die aus eigener Erfahrung spricht. Deshalb auch brauchen die Frauen ihre eigenen Organisationen, wie »Women's Voice«. »Hierher«, beschreibt es Ruth Monorama, »können sie mit allen Sorgen und Problemen kommen, hier können sie über alles sprechen und immer genug Schultern zum Anlehnen und Ausweinen finden. Wir sind eine andere Art von Familie, ein wirkliches Zuhause.«

Daß die Frauen auch tatsächlich kommen, sich pro Monat einen ganzen Tag Zeit nehmen, das, sagt Ruth, ist ein großer Fortschritt. Vor zwanzig Jahren, als sie »Women's Voice« ins Leben rief, waren die Stimmen der Frauen im Slum nicht zu hören. Wenn Ruth und ihre Mitarbeiterinnen anfangs in die Slums gingen, um Kontakte mit den Frauen herzustellen, mußten sie sich von den Männern oft genug verhöhnen lassen. »Ha, wollt ihr unsere Frauen ins Bordell entführen? Wollt ihr ihnen beibringen, wie sie uns schlagen können?« Also hielten sie zunächst Treffen in einzelnen Vierteln ab, um ihre Anliegen, in deren Zentrum das Gemeinwohl stand, näherzubringen. Es sollten die Wasser- und Stromversorgung sowie die Errichtung von Toiletten sichergestellt werden. Sie wollten sich dafür engagieren, daß das Land, auf dem die Slumbewohner ihre Hütten errichteten, auch als das ihre anerkannt wurde. Zunächst sind ja alle Slums illegal, viele bleiben es für Jahrzehnte; das bedeutet, daß jeden Tag ein Politiker die gewaltsame Räumung verfügen könnte. Das betraf alle.

Aber Ruth wollte die Frauen auch zu eigenen Treffen locken, denn in allen Organisationen im Slum dominierten Männer, oft in mafiosen und von außen kontrollierten Strukturen. Die ausgeschlossenen Männer wurden zu den ersten Verbündeten von »Women's Voice«. Die Frauen aber faßten Vertrauen und kamen zu »ihren« Zusammenkünften. Da, so Ruth, sollten sie lernen, von sich aus ihre Bedürfnisse und natürlich auch die der Gemeinde zu definieren und Strategien zu entwickeln. »Wir müssen unabhängig denken«, ruft Ruth den Frauen auch an diesem Tag wieder zu. »Unabhängig und selbständig agieren, selbständig Entscheidungen treffen.« Die Frauen sollten in ihren Gemeinden Führungspositionen übernehmen und eigene Selbsthilfegruppen gründen. Was inzwischen viele getan haben.

Diese Mobilisierung ist für Ruth neben den praktischen Erfolgen der eigentliche große Fortschritt. Den Menschen, die in den Slums leben, wurde tatsächlich Land überschrieben, Wasserleitungen wurden gelegt, derzeit befindet die Landesregierung von Karnataka über ein Gesetz, das auch für gewisse Bereiche des nichtorganisierten Sektors, in dem fast alle Slumbewohner tätig sind, Mindestlöhne vorsieht.

Doch mit dem Tempo, in dem das alles passiert, ist Ruth noch keineswegs zufrieden. »Nein, natürlich bewegen wir uns nicht rückwärts, es geht tatsächlich vorwärts, nur sehr sehr langsam.« Am langsamsten, will es scheinen, auf dem Land. »Da gibt es soviel Gewalt, da werden Menschen verbrannt, ihre Hütten ausgeraubt und angezündet. Wenn du da als Einzelperson etwas verändern willst, erledigen sie dich, sie bringen dich um. Da sind die Gruppen und die Netzwerke unabdingbar.«

Mit Reden und Singen sind die Stunden verflogen. Schon ist es nach zwei Uhr nachmittags und höchste Zeit für die Mittagspause. In Windeseile bilden die Frauen eine Schlange und defilieren an der Essensausgabe vorbei. Jede erhält eine in Papier gewickelte große Portion Reis, dazu ein Ei und, in einem Plastiksäckchen, scharfe Sauce. In einer Ecke des Vorraums ist ein großer Container mit Trinkwasser bereitgestellt. Mit Essen und Trinken versorgt, setzen sich die Frauen in kleinen Gruppen wieder im Raum hin. Die Päckchen werden geöffnet, der Reis auf dem ausgebreiteten Papier verteilt, die Sauce darübergegossen. Mit den Fingern werden nun kunstvoll kleine Häppchen geformt und zum Mund geführt. »Wie Sie das schon können«, strahlt mich eine Frau an, die darauf bestanden hat, daß auch ich mich zu ihrer Runde geselle und mitesse. »Dabei ist die Sauce so flüssig, da ist Häppchenmachen gar nicht so leicht«, würdigt sie meine Fingerfertigkeit jetzt, wo sie versteht, warum ich es vorher abgelehnt habe, den für die Ausländerin eigens bereitgelegten Löffel zu benutzen. Das ermutigt auch einige andere Frauen, die zunächst eher zurückhaltend wirkten, zu Kommentaren. Die Barrieren sind gebrochen. Die Neugier ist geweckt. Gut, daß die Übersetzerin, die nun schnell hergewunken wird, heute nicht so hungrig war und schon fertig ist mit ihrer Mahlzeit, denn nun muß sie eifrig hin- und herübersetzen, schließlich drängt die Zeit. In einer halben Stunde schon sollen sich alle Frauen in Arbeitsgruppen aufteilen und gemäß der in Beijing vereinbarten Aktionsplattform ihre Forderungen konkretisieren und aufschreiben – zu den Themen Gesundheit und Bildung, den Rechten von Mädchen und von Behinderten und so weiter. Wenn die *dalit*-Frauen nicht für sich selbst sprechen, wird es niemand für sie tun, erinnert sie Ruth nochmals.

Auch nicht eine Mayawati. 1995 wurde sie als erste *dalit*-Frau Chefministerin eines indischen Bundesstaates, des bevölkerungsreichsten – Uttar Pradesh – noch dazu. Die Zahlenangaben schwanken stets, doch gesichert sein dürfte, daß die Einwohnerzahl von Uttar Pradesh mehr als 150 Millionen beträgt. Wäre es ein eigenes Land, es wäre nach China, Indien, Indonesien und den USA das bevölkerungsreichste Land der Erde.

»Natürlich«, sagt Ruth, »waren wir sehr glücklich über Mayawatis Aufstieg.« Schließlich war es sehr beachtlich, wie sich diese Frau in ihrer »Bahujan Samaj Party« (BSP), »Partei der Entrechteten«, durchzusetzen vermochte. Dabei konnte sich Mayawati freilich stets der Unterstützung von Parteichef Kanshi Ram sicher sein. Ihr erstes Treffen mit Kanshi Ram Ende der siebziger Jahre sollte für Mayawatis künftigen Lebensweg entscheidend sein. Die damals 21jährige Tochter einer kinderreichen Familie aus der unteren Mittelklasse hätte nach dem Willen des Vaters gleich nach Studienabschluß in den Staatsdienst eintreten sollen. Finanz- oder Steuerbeamtin schwebte dem Vater als Karriere für Mayawati vor. Doch die Frau, die zunächst als Lehrerin gearbeitet hatte, zog es nun in die Politik, genauer gesagt, in Kanshi Rams BSP. 1989 wurde sie nach zwei erfolglosen Anläufen erstmals ins Bundesparlament gewählt. Sechs Jahre darauf wurde sie Chefministerin von Uttar Pradesh. Allerdings dank eines Paktes ausgerechnet mit der hindu-chauvinistischen Indischen Volkspartei (BJP), der sich als begrenzt haltbar erweisen würde. Vier Monate war Mayawati 1995 im

Amt, 1997 sollte sie es nochmals für sechs Monate innehaben. In beiden Fällen wollte sie ihre Regierung als eine von *dalits* für *dalits* verstanden wissen. Mayawati griff in Interviews damals gern zu Bleistift oder Kugelschreiber. Zunächst hielt sie ihn senkrecht, um damit die derzeitige hierarchische Struktur der indischen Gesellschaft und Kastenordnung zu illustrieren. Dann neigte sie den Stift langsam in die Horizontale: Das, erläuterte sie, sei das langfristige Ziel der BSP, eine Gesellschaft gleichwertiger und gleichberechtigter Menschen. Wie es Ambedkar gewollt habe. Genau, Ambedkar. Und keineswegs Mahatma Gandhi. Mayawati, stets forsch und ein wenig schrill, scheute nicht davor zurück, in dieser seit Jahrzehnten schwelenden Kontroverse um die wahren Absichten Gandhis ein ordentliches Schäuflein nachzulegen. »*Harijans*, ›Kinder Gottes‹, nannte er uns Unberührbare. Was soll denn das heißen? Daß alle anderen Menschen Kinder des Teufels sind?« ereiferte sie sich. Nein, ehrlich, mit Begriffsjongleuren habe sie nichts am Hut. Gandhi habe einen netten Namen kreiert und im übrigen das Kastensystem beibehalten wollen. Dasselbe hört man, weniger provokant formuliert, bei den *dalits* in Bangalore und in den Dörfern der Bundesstaaten Karnataka und Tamil Nadu immer wieder. »Nur Ambedkar wollte unser Los wirklich verändern.«

Mayawati initiierte als Chefministerin Sozialprogramme – doch die wurden von ihren Nachfolgern prompt wieder abgeblasen. Sie ließ Ambedkar-Statuen in großer Zahl errichten – und einige davon wurden in Unruhen bald wieder zerstört. Einige Kastenkonflikte sollen nach Ansicht von Experten gerade durch die Zweckehe der BSP mit der BJP verursacht worden sein. Auf beiden Seiten gab es Stimmen, die große Bedenken gegen ein derartiges Bündnis äußerten. Unter BSP-Anhängerinnen und Anhängern wurden Zweifel laut, inwieweit da nicht Interessen von *dalits* geopfert würden. Der Begriff des »creamy layer«, der »cremigen Rahmschicht« oben auf der Milch, tauchte wieder auf, der für die jeweilige Elite innerhalb einer unterprivilegierten Gruppe verwendet wird. War also diese Elite der *dalits* dabei, sich auf Kosten der Mehrheit, der völlig vernachlässigten Menschen in den Dörfern, zu arrangieren? Ging es dem Duo an der BSP-Spitze, Kanshi Ram und Mayawati, nicht zu allererst und immer mehr um die eigene Macht? »Das historische Unrecht« an den *dalits* wollten sie wiedergutmachen, wie sie sagten. Viele *dalits* in den Dörfern hatten genug der Worte gehört. »Schön, daß Mayawati es für sich geschafft hat«, sagte da einer. »Nun soll sie doch auch uns Jobs verschaffen.« »Mayawati soll doch einmal kommen und unter uns leben, damit sie sieht, wie wir hier leben«, kommentierte ein anderer. Mayawati und ihre Familie, die das Dorf verließen, in die Stadt zogen und dank eines Beamtenjobs des Vaters ein für die Mehrheit der *dalits* eher untypisches Leben führten, seien zu weit von der Wirklichkeit entfernt. Mehr noch: Sie hätten sich korrumpieren und in einen »widerwärtigen Machtschacher« hineinziehen lassen, klagten mehrere Aktivisten, die seit Jahrzehnten an der Basis arbeiten.

Auch Ruth Monorama sieht die Gefahr dieser Distanz zwischen Politikern wie Mayawati, der heutigen Vizepräsidentin der BSP, und den *dalits* in den Dörfern und den Slums der Großstädte. »Natürlich ist Mayawati eine starke Frau«, meint Monorama. Aber sie ist eben auch »Teil einer politischen Maschinerie, die die eigenen Interessen in den Vordergrund rückt. Sie müßte einfach mehr an die Menschen denken …« Nie, erinnert Ruth, sei Mayawati in einer *dalit*- oder Frauenbewegung an der Basis aktiv gewesen. Und als Politikerin »habe ich sie nie sagen gehört: *Chaloo* (los), ihr *dalit*-Frauen, organisiert euch, macht mobil. Vielleicht«, fügt Ruth hinzu, »sollte ich sie einmal zu einem unserer Treffen einladen.« Da könnte Mayawati miterleben, wie es an der Basis zugeht. Da könnte sie den Liedern der Frauen zuhören: »Wir trugen die Berge ab und errichteten die Dämme, doch das Wasser ging an die anderen. Wir pflügten die Felder und streuten die Saat aus, doch das Getreide bekamen andere, uns blieb nur der Schrot. Wir entfernten die Bäume und bauten die Straßen, doch die Autos gehören den anderen, wir gehen zu Fuß. Wir fertigten die Kleider, die andere tragen, wir leben in Elend und Schmutz«, singen die nach dem einfachen Mittagsmahl. Und immer wieder wird Ruth sie dazu ermahnen, aus ihrer eigenen göttlichen Kraft – *shakti* – zu schöpfen: Denn, ruft Ruth den *dalit*-Frauen zu: »Wenn ihr nur ›ach‹ und ›au‹ und ›weh‹ flüstert, wird euch keiner hören. Ihr müßt starke Pressure-groups bilden, ihr müßt laut reden, um euch Gehör zu verschaffen.«

Ein Ehemann eigener Wahl

Nicht immer sind Traditionen stärker als der Wille junger Frauen

Als Pramila aus Paris zurückkehrte, hatten die Frauen ihrer Familie schon alles organisiert. Die Mutter, die Tante und die beiden Schwägerinnen. Monate mußten sie damit verbracht haben, Pläne zu entwerfen, zu verbessern und wieder umzustoßen. Welchen Sari sollte Pramila tragen? Wen würde man einladen? Wie sollte man die in anderen Teilen des Subkontinents ansässigen Verwandten verständigen, per Telefon oder doch per Karte? Welchen Ort sollte man für die Zeremonie und das nachfolgende große Festessen anmieten? Nachbarinnen und Freundinnen wurden konsultiert, mit Hingabe wurde ein Menü komponiert. Nicht, daß an den Grundkomponenten etwas zu rütteln gewesen wäre: Reis, Linsen, Gemüse, Joghurt, Süßigkeiten mußten sein. Aber über die Rezepte ließ sich diskutieren. Und die Frauen debattierten, tauschten sich aus, gaben einander Tips und erzählten Geschichten aus der jüngsten Vergangenheit und solche aus längst verflossenen Zeiten, deren Hauptpersonen nicht mehr unter ihnen weilten. Sie erzählten wahre Geschichten und andere, die mehr im Reich der Phantasie angesiedelt schienen. Und immer drehte es sich nur um das eine und einzige Thema – *shaadi* (Hochzeit). Pramila sollte heiraten, hatte die Familie beschlossen. Und die

Frauen hatten alles geplant, ohne die künftige Braut zu informieren, ohne sie nach ihren Wünschen zu befragen.

Später erzählte Pramila diese Geschichte von den verschwörerischen weiblichen Anverwandten mit Genuß und, je nach Laune, ergänzenden Ausschmückungen. Später, als ihr der Sinn wieder nach Erzählen stand. Da hatte sie bereits geheiratet ... Und doch war alles ganz anders gekommen, als die Frauen es sich ausgedacht hatten.

Damals freilich, als sie, kaum dem Flieger entstiegen, von der langen Heimreise aus Europa noch erschöpft, von Mutter, Tante und den Schwägerinnen mit »der großen Nachricht« förmlich überfallen wurde, fehlten ihr zunächst die Worte. Heiraten, ja, grundsätzlich hatte sie nichts dagegen. Wenn sich der Richtige finden würde. Aber warum denn diese plötzliche Hektik? Plötzlich, das wußte Pramila natürlich, war die Hektik nicht. Immerhin hatte sie das 28. Lebensjahr überschritten und war noch immer Single. Schon vor ihrer ersten Reise zu einem einjährigen Studium nach Paris – damals war Pramila 22 und gerade frisch diplomierte Magistra in Romanistik – hatte die Mutter ihre tiefe Beunruhigung nicht mehr verbergen können. Weiter studieren? Wie lange denn noch? Wohin sollte denn das führen? Eine Lehrstelle an einem College in ihrer Heimatstadt Pune war ihr doch schon angeboten worden. Ja, sagte Pramila, die würde sie auch antreten – nach ihrer Rückkehr aus Paris. Pramila ging nach Frankreich, kehrte zurück nach Pune, lehrte, machte daneben noch einen Magister in Philosophie und ging erneut nach Paris, diesmal für zwei Jahre.

Die Mutter tat ihr leid. Doch hier stand Fraueninteresse gegen Fraueninteresse, und im Vater fand Pramila eine sichere Stütze. Unter den vier Kindern war sie seine einzige Tochter und ihm in vielerlei Hinsicht, auch in ihrem Freiheitsdrang wie in ihrer Sturheit, sehr ähnlich. Nie würde er sie zu etwas zwingen. Fragen zu stellen erlaubte er sich schon gelegentlich, und wenn das zu wilden Wortgefechten führte, dann gingen die übrigen Familienmitglieder einfach in Deckung. Pramila gegen den Vater, der Vater gegen Pramila, da wollte keiner dazwischengeraten. Doch die Gefechte waren wie kurze Gewitter, nach denen wieder Schönwetter einkehrt. Es blieb kein Groll zurück. Der Vater, selbst Sprößling einer Familie, in der alle acht Kinder sich bei der Wahl ihrer Lebenspartner über Kasten-, Klassen- und konfessionelle Barrieren hinweggesetzt hatten, konnte es seiner Tochter nachfühlen: Sie wollte entscheiden; und erst recht über ihre Heirat.

Es folgten Monate voller Spannungen. Denn so gründlich Mutter und Konsortinnen auch geplant hatten, noch fehlte eine der beiden Hauptpersonen – der Bräutigam. Natürlich hatten die Frauen auch da ihre Ideen, und Zeit genug hatten sie ja gehabt, sich nach geeigneten Kandidaten umzuhören. Auch noch den Ehemann für Pramila auszusuchen, so weit waren sie dann doch nicht gegangen. Sie selbst sollte einige zusammen mit der Familie erkorene Männer treffen und dann wählen.

Kaum war Pramila zurück von ihrem zweiten Parisaufenthalt, begannen die Telefonate. Ein Onkel empfahl einen Mann, ein Cousin wußte von einem möglichen Kandidaten, Bekannte machten Vorschläge, Freunde hatten ihre Ideen. Der Vater hörte zu, bekundete Interesse, fragte nach. Ja, er würde mit Pramila reden. Und geredet wurde viel. Die Frauen redeten aufgeregt untereinander. Die Mutter redete auf die Tochter ein, die redete sich aus allen potentiellen Fallen heraus, der Vater redete mit allzu hartnäckigen Anrufern ... Aus Tagen wurden Wochen, aus Wochen Monate. Und dann begann plötzlich ein anderer Kampf.

Pramila dachte ernsthaft über eine Heirat nach. Allerdings mit keinem der von so vielen hilfreichen und engagierten Familienfreunden, Verwandten und Bekannten vorgeschlagenen Bewerber. Bei einem Fest hatte sie Sunil kennengelernt. Dreißig Jahre war er alt, ledig, ausgebildet zum Ingenieur, doch nun nicht mehr Willens, sich in einen penibel strukturierten Arbeitsalltag hineinpressen zu lassen. Also arbeitete er zeitweise als Tennislehrer. Vorerst einmal. Später würde er weitersehen.

Etwa einen Monat lang verschwieg Pramila Sunil zu Hause. Dann faßte sie Mut, eröffnete der Familie die neue Wendung im großen Thema Heirat und schlug vor, Sunil allen vorzustellen. Ein Tennislehrer, ein Mann, der einen respektablen festen Job aufgegeben hatte – Mutter, Tante und Schwägerinnen waren auf das Schlimmste gefaßt. Nett war er ja schon, mußten sie nach dem ersten Treffen feststellen, aus der gleichen hohen Brahmanenkaste noch dazu, und sehr gebildet. Aber wie konnte er seinen Beruf an den Nagel hängen? Wie würde er eine Familie erhalten? Wieder wurde viel geredet und dagegen geredet. Und noch mehr, als die Heirat beschlossene Sache war und Pramila und Sunil die wunderbaren Pläne von Mutter und Co. höflich, aber dezidiert ablehnten. Sie wollten keine verschwenderische Feier, keine Mitgift, keinen luxuriösen Sari. Nach einer einfachen Zeremonie in Gegenwart der engsten Familienmitglieder würden sie am Abend eine moderne Party veranstalten, mit zeitgenössischer Musik.

Die Frauen fügten sich; dem Vater blieb die große Aufgabe, all jenen, denen für solche Entscheidungen das Verständnis fehlte, zu erklären: »So war und ist sie eben, meine Tochter, meine einzige.«

Keine Wiedergeburt, bitte

Indiens weiblicher Supercop Kiran Bedi

»Kennen Sie meine Website?« fragt Kiran Bedi. »Und haben Sie auch mein Buch ›I Dare!‹ (›Ich wage es‹) gelesen?« Meiner telefonischen Bitte um ein persönliches Gespräch hat Bedi sofort stattgegeben. Doch die erste Frau, die 1972 die Aufnahme ins indische Polizeicorps schaffte und sich seither im Widerstreit mit ressentimentbeladenen männlichen Kollegen, Vorgesetzten und Politikern nicht nur durchzusetzen vermochte, sondern sich über die Landesgrenzen hinaus einen Namen machte, legt wert auf Effizienz und Zeitmanagement. Bedi hat durchgegriffen, aufgeräumt, verändert, reformiert, modernisiert und humanisiert, wo immer sie das Sagen hatte, ob im Verkehrsmanagement bei den Asiatischen Spielen in Delhi 1982, als Leiterin des ebenfalls in der indischen Hauptstadt befindlichen Tihar-Gefängnisses, einer der weltweit größten Haftanstalten, oder in ihrer leitenden Position an der Polizeiakademie. Die Zeit war dabei stets knapp bemessen, schon vom System her, aber auch, weil jemand, der wie sie Privilegien antastet und gegen Korruption ankämpft, mit vorzeitiger Versetzung rechnen muß. Also ist sie es stets resolut angegangen, gut vorbereitet und mit klaren Zielvorgaben.

Das erwartet sie offenkundig auch von Journalistinnen. »Wenn Sie Website und Buch kennen, können wir gleich dort ansetzen und verlieren keine Zeit mit den grundlegenden Dingen«, fügt Bedi also am Telefon hinzu und gibt mir gleich noch einen Rat: Ich solle mich nur ja genau nach dem Weg zu ihrem Haus erkundigen, um mich nicht zu verirren und unnötig Zeit zu verlieren.

Mit derart vielen Instruktionen versehen, breche ich, obwohl mit Bedis Wohngegend vertraut, diesmal viel zu früh auf. Einen Bezirk zu finden ist stets ein leichtes in Indiens Großstädten, doch die jeweilige Straße oder den richtigen Block in einem mit vielfältigen Buchstaben- und Zahlenkombinationen komplex gestalteten Adressensystem auszumachen, kann an den Nerven zehren, den eigenen und denen von Rikschafahrern, die bald einmal die Geduld verlieren, wenn sie sich von Straßenecke zu Straßenecke durchfragen müssen, weil ihre Kundin sie nicht zu lotsen vermag und so mancher befragte Passant ganz offenkundig in die falsche Richtung gedeutet hat.

Für zehn Uhr dreißig bin ich bestellt, wenige Minuten nach zehn treffe ich bereits ein, der Rikschafahrer hat die Straße in Neu Delhi diesmal auf Anhieb gefunden. Es ist eine friedliche Gegend, in der ich die nächsten 25 Minuten warte, hohe Bäume säumen die Straßen, die für Neu Delhi und insbesondere das Regierungsviertel charakteristischen ebenerdigen weißen Villen sind umgeben von Gärten. Vögel zwitschern, Streifenhörnchen hasten Baumstämme hinauf und hinunter. Unendlich weit weg erscheint da Alt-Delhi mit seinem engen Straßengewirr, den Tausenden fliegenden Händlern, dem Gehupe und Geschrei, dem Gedränge und Lärmen. Nicht zu spüren ist auch, daß in ein paar hundert Metern Entfernung eine der Hauptverkehrsadern der indischen Hauptstadt verläuft.

Gegenüber von Bedis Haus steht ein dunkles Militärzelt, direkt neben dem Eingang steht eine jener Wachhütten, wie sie sich üblicherweise vor den Wohnsitzen hoher Politiker und Staatsbediensteter befinden. In einem kleinen Vorhaus muß ich mich zunächst anmelden, bevor mich ein Sicherheitsbeamter zur Eingangstür des Bungalows geleitet.

Mit einer weißen Hose, einem ebenfalls weißen, *kurta* genannten indischen Hemd und einer weißen Weste bekleidet, die Haare wie immer kurzgeschnitten, tritt mir dann die Frau entgegen, die sich auf ihrer eigenen Website als Pionierin, als das mit den meisten Preisen ausgezeichnete Mitglied des indischen Polizeicorps und als Rollenmodell für die Frauen vorstellt.

Dahin zu gelangen war keine Selbstverständlichkeit. Auch in dem Umfeld, in dem Bedi aufwuchs, war die Grenze zwischen der Welt der Männer und jener der Frauen klar: »Männer«, heißt es in »I Dare!« – und zu den Aussagen in dieser Biographie steht Bedi –, »sind für die Außenwelt, für Autorität und Sport, Frauen für Haushalt, Tränen und Schelte; Männer für die höhere Bildung, Frauen lediglich für die Grundschule; Frauen gelten als Last, und Männer führen die Erblinie fort; Frauen sind geschaffen für Opfer und Männer für Abenteuer; Männer sind Versorger und Politiker, Frauen häufen Gold und Juwelen an.«

Was Patriarchat bedeutete, lebte Kirans eigener Großvater so anschaulich vor, daß einer seiner Söhne, der sensible Parkash, beschloß, unverheiratet zu bleiben, denn innerhalb der Großfamilie mußte er fürchten, daß er auch seiner eigenen Frau das Los der Unterwerfung nicht würde ersparen können. Doch Parkash hatte die Entschlossenheit seiner Tante, der Schwester des Vaters, unterschätzt. Als er hartnäckig die Eheschließung verweigerte, trat die Tante in den Hungerstreik. Parkash war geschlagen, heiratete und zeugte vier Töchter: Er verstand es als Wink des Schicksals, nun seine Überzeugungen zur Rolle der Frau in die Tat umzusetzen. Die vier Mädchen sollten die bestmögliche Bildung erhalten und frei über ihren Lebensweg bestimmen können – dazu war Parkash entschlossen. Niemand sollte sich da einmischen, auch nicht der eigene Vater.

Wenn der Vater das Umfeld schuf, so wollte Kiran, die Zweitälteste, beweisen, was Frauen zu leisten imstande waren. In der Schule wie auf dem Tenniscourt holte sie sich Auszeichnungen, war indische Juniorenmeisterin, brillierte bei asiatischen Meisterschaften und war daneben sozial und kulturell engagiert. Sie studierte Politikwissenschaft, lehrte an der Universität, absolvierte später noch ein Jurastudium und ein Doktorat in Sozialwissenschaften, gründete ihre eigenen NGOs – »Navjyoti« und »India Vision Foundation«, die Drogenentzugsprogramme anbieten und in der Drogenprävention tätig sind – und machte, hauptberuflich, bei der Polizei Karriere. Diese Vielseitigkeit liegt ihr so am Herzen, daß sie – ein Rollenmodell für Frauen, wie die Website kundtut – dennoch den Begriff Feministin strikt von sich weist: »Nein, ich bin keine Feministin, ich bin eine Allrounderin, nicht auf die Geschlechterrolle fixiert.«

Sie wollte in den Dienst des 1947, keine zwei Jahre vor ihrer Geburt, unabhängig gewordenen Indien treten, aber sie wollte nicht Akten schieben. Den Kontakt mit den Menschen, den sie suchte, glaubte sie am ehesten bei der Polizei finden zu können. Über deren repressive Rolle machte sie sich keine Illusionen. »Aber«, sagt sie, »die Repression muß nicht sein. Es gibt ja noch die andere Seite – Schutz und Beistand. Die Polizei kann auch Garant für Menschenrechte und Rechtsstaatlichkeit sein.«

Wenn Bedi das sagt, mit ihrem direkten und offenen Blick, dann wirkt es glaubhaft. Eine Polizei, so wie sie sie versteht, hat wenig Ähnlichkeit mit der, die heute den Bürgerinnen und Bürgern des Subkontinents entgegentritt.

Schauplatz Goa 1983: Die sterblichen Überreste des Heiligen Xaver sollten in einem Glassarkophag erneut den Gläubigen zugänglich gemacht werden. Tausende Menschen wurden aus den umliegenden Bundesstaaten erwartet, vor der Kathedrale war mit einem Verkehrschaos zu rechnen – oder wäre vielmehr zu rechnen gewesen, denn zuständig für die Organisation war Kiran Bedi, und die war entschlossen, dem üblichen Durcheinander diesmal vorzubauen. Parkplätze wurden genau abgegrenzt, der Weg zum Gotteshaus für alle freigehalten. Was bedeutete, daß auch die ehrenwerten Minister der Regierung von Goa die letzten Meter zu Fuß zurücklegen mußten. Bedi wurde zum Chefminister zitiert. »Hat der Minister (der sich über die Mißachtung seines Privilegs, bis vor das Hauptportal der Kirche vorzufahren, empört hatte) ein gesundheitliches Problem?« fragte Bedi provokant und wies darauf hin, daß die Bevölkerung ihr jedenfalls äußerst dankbar für ihre Verkehrsregelung sei.

Zu Dank verpflichtet waren die Goaner Bedi schon zuvor gewesen. Wie etwa an jenem Tag, als sie auf ihre unkonventionelle Art eine Brücke eröffnete, die, obwohl längst fertiggestellt, noch nicht freigegeben war. Denn noch hatte sich kein hoher Politiker aus Neu Delhi gefunden, der bereit gewesen wäre, zur Einweihungsfeier herbeizufliegen. Womit sich bei der Fähre über den Zuari-Fluß tagtäglich aufs neue jene Staus bildeten, zu deren Abhilfe die Brücke gedacht war. Als Bedi dies bei einer Patrouille sah, ließ sie spontan alle Absperrungen auf der Brücke entfernen und fuhr mit ihrem Polizeigefährt darüber. Somit wurde »die Brücke durch eine diensthabende Person eröffnet, für die die Menschen an erster Stelle stehen«, kommentierte Bedi dann ihren Schritt.

Um die Menschen sollte es Bedi auch im weiteren Verlauf ihrer Karriere vorrangig gehen, gleichgültig in welcher Funktion sie mit ihnen zu tun hatte, ob als Verantwortliche für das Verkehrswesen oder, wie vom Frühjahr 1993 bis zum Mai 1995, als Leiterin des Tihar-Gefängnisses in Neu Delhi. Die Versetzung nach Tihar war als Strafe gedacht gewesen, weil Bedi auf zu viele Zehen gestiegen war, zu viele Privilegien mißachtet, zu viele männliche Vorgesetzte vor den Kopf gestoßen und zu viele Mißstände aufgezeigt hatte. Nicht auszuschließen, daß mancher Polizeiobere und Minister insgeheim gehofft hatte, die damals 43jährige würde an Tihar scheitern. Bedi freilich konnte auch diese Erwartungen nicht erfüllen. Tihar sollte zu einem absoluten Höhepunkt ihrer Laufbahn werden, sie über die Staatsgrenzen hinaus bekanntmachen und ihr den philippinischen »Ramon Magsaysay Preis«, das asiatische Pendant zum europäischen Nobelpreis, eintragen.

Statt der 2500 Häftlinge, für die die Haftanstalt Tihar gebaut war, lebten 1993 rund 8500 Gefangene unter in jeder Hinsicht elenden Bedingungen. Ob Hygiene oder medizinische Versorgung, Ernährung oder Betreuung, alles wurde vernachlässigt. Gewalt und Drogenmißbrauch kennzeichneten den Alltag der Einsitzenden, von denen viele auch nach Jahren noch immer auf die Aufnahme ihres Prozesses warteten. Für das Funktionieren der Justiz war Bedi freilich so wenig zuständig wie für Verbrechensprävention oder die Betreuung der Opfer. Im Gespräch mit ihr wie auch aus ihren Schriften wird ersichtlich, für wie essentiell sie eine ressortübergreifende Zusammenarbeit hält, wo sie Reformen und völlig neue Ansätze als erforderlich betrachtet. Freilich mußte auch Bedi die engen Grenzen ihrer Kompetenzen zur Kenntnis nehmen.

»Es gibt keine Gefängnispolitik, keine Ziele, keine Strategien, nur Probleme allerorts«, diagnostizierte Bedi nach ihrem Amtsantritt. Und machte sich an die Arbeit, im ständigen Dialog mit dem Personal und den Gefangenen. Nur wenn sie sich deren Vertrauen und Mitarbeit sichern könnte, würden ihre Reformpläne greifen, wußte Bedi. Die Häftlinge selbst für mehr Hygiene sorgen zu lassen und eine adäquate ärztliche Betreuung sicherzustellen war eines. Die Anstalt nikotin- und drogenfrei zu machen schon etwas ganz anderes. Beides gelang und noch vieles mehr. Wer als Analphabet nach Tihar gekommen war, sollte es als ein des Lesens und Schreibens kundiger Mensch verlassen. Grundsätzlich sollte jede Person nach ihrer Zeit in Tihar besser gebildet sein als zuvor.

Wo es keine Häftlinge gab, die ein bestimmtes Wissen vermitteln konnten, wurden Lehrer von außen geholt. »Ich brauche Lehrer, ich brauche Prediger, ich brauche Bücher, ich brauche Jobs«, wandte sich Bedi an die Gesellschaft. Die Reaktion war überwältigend. NGOs und Privatpersonen meldeten sich mit Vorschlägen, Projekten, Ideen. Eine Bibliothek wurde eingerichtet, Yoga- und Meditationskurse wurden Teil des Gefängnisalltags, in einer Art Heimarbeit konnten die Häftlinge sich Geld verdienen, das für sie auf Konten für die Zeit danach angelegt wurde. Und natürlich wurden ab nun die großen Feiertage des Jahres begangen, die staatlichen so wie die der einzelnen Religionsgemeinschaften (82 Prozent der einen Milliarde Inder sind Hindus, 12 Prozent Muslime, die übrigen Christen, Buddhisten, Parsen und Jains).

Bedi konzipierte nicht nur selbst. So wie sie regelmäßig Sitzungen mit dem Personal abhielt, so sollten auch die Gefangenen der insgesamt vier Anstalten innerhalb Tihars ihre *panchayats* (Volksversammlungen) abhalten, über ihre eigenen Anliegen beraten und diese dann an Bedi weitergeben. Eine eigens eingerichtete Petitionsbox diente dem gleichen Zweck. Wenn vor 1993 die Wahrscheinlichkeit groß war, daß ein in Tihar Einsitzender drogenabhängig, ein Opfer von Gewalt und unter Umständen ein noch abgehärteterer Krimineller werden würde, so wollte Bedi »ihren« Häftlingen die Chance geben, nach Tihar einen Neuanfang zu machen.

Schon Ende 1993, acht Monate nachdem Bedi das Zepter übernommen hatte, hätten die Besucher von Tihar sich auf einem Schul- und Freizeitgelände wähnen können, wären da beim Eintreten nicht hohe Mauern und Stacheldrähte, mächtig-drohende Tore und Sicherheitsbeamte zu passieren gewesen. Doch während Bedi bei internationalen Konferenzen als Expertin für Gefängnisreformen sehr begehrt war, zeigten sich die zuständigen Behörden in Indien – das Innenministerium wie die Polizeioberen – wenig beeindruckt. Bedis angebliche »Freundschaft« mit dem Schwerverbrecher Charles Sobraj, der eine Biographie über Bedi schreiben wollte, wurde angeprangert. Bedis Offenheit gegenüber der Presse, der sie Tihar und seine vielfältigen Aktivitäten nur allzu gerne vorstellte, wurde als Gefahr für die Sicherheit eingestuft. Und plötzlich entsann sich so mancher Vorgesetzte der Gefängnisstatuten, von deren Einhaltung Bedi bei ihrer Übernahme Tihars jedenfalls nichts hatte merken können. Durfte denn Bedi, was sie da so alles tat? Am 3. Mai 1995, ein Jahr vor dem regulären Ende ihrer Amtszeit in Tihar, kam das Aus. Wieder einmal war »Indiens Supercop«, wie sie in asiatischen Medien genannt wird, ihr Reformeifer zum Verhängnis geworden.

Blickt sie heute noch manchmal zurück? »Oh nein«, sagt Bedi. Von Kollegen oder aus Medien erfährt sie natürlich bisweilen, was heute in Tihar läuft. »Aber ich habe längst kein Mitspracherecht mehr und auch keinerlei Einflußmöglichkeit auf die Tätigkeit meiner Nachfolger in Tihar. Da ist es am besten, diesen Kollegen zu sagen, ich wünsche euch viel Glück, und sie dann arbeiten zu lassen. Es ist nicht gut, emotional und psychisch abhängig zu sein von dem, was man einmal getan hat. Es ist viel besser, weiterzugehen, nach vorne zu blicken.«

Kiran Bedi hat gelernt, in allen Positionen etwas zu bewegen, und mögen sie noch so sehr als Abstellgleis für sie gedacht gewesen sein, mögen ihr die Kollegen noch so sehr vermittelt haben: Hier profilierst du dich nicht, hier stiehlst du uns nicht die Schau. Nur einmal, nach Tihar, als man sie hinter die Akten verbannen wollte, da hat sie sich beurlauben lassen und ein Forschungsstipendium der nach Jawaharlal Nehru, dem ersten indischen Premier nach der Unabhängigkeit, benannten Stiftung in Anspruch genommen, um ein Buch über ihre Erfahrungen in Tihar zu schreiben; der Titel des Buches lautet: »It is always possible« (»Es ist immer möglich«).

Immer? Oder nur unter der Voraussetzung, daß ein Mensch jene Stärken mitbringt, die Bedi in »I Dare!« nachgesagt werden: Konzentrationsfähigkeit, die Bereitschaft, hart zu arbeiten,

Ausdauer, Beharrlichkeit, Unermüdlichkeit, Fairneß und die Fähigkeit, in einem Team zu arbeiten, werden unter anderem angeführt. Hat Kiran Bedi eigentlich auch Schwächen? Die Frage scheint sie kurzfristig aus dem Konzept zu bringen. Über vieles läßt sich mit Bedi diskutieren, nur nicht über Schwächen. »Wenn ich mir einer Schwäche bewußt werde, beginne ich sofort, sie zu überwinden. Zu dem Zeitpunkt ist es ja noch eine schwache Schwäche und wird dann gar nie zu einer wirklichen Schwäche.«

Andere Frage: Auf wieviel oder worauf im besonderen hat sie denn zugunsten ihrer Karriere verzichtet? Ihre Ehe etwa hat sie doch die meiste Zeit über auf Distanz geführt. Auf nichts habe sie verzichtet, betont Bedi umgehend. Sie habe aus freien Stücken eine Polizeilaufbahn gewählt, sie habe nach ihren Überzeugungen gehandelt, sie habe die Sanktionen zur Kenntnis genommen. Nein, ich bedauere nichts, könnte, so scheint es, in Anlehnung an Edith Piaf auch Bedis Lied heißen.

Sie wollte nie Hausfrau sein, sagt Bedi. Ein »warmes, umsorgendes, sauberes und gut organisiertes Zuhause« hatte sie dennoch stets in Neu Delhi. Da waren die Eltern mit ihr hingezogen. Der Ehemann blieb in dem im westlichen Bundesstaat Punjab gelegenen Amritsar, dem Geburtsort Bedis. »Seine Familie hatte dort ihre Ländereien, er konnte sie doch nicht einpacken und mir hinterherreisen«, sagt Bedi. Am Anfang ihrer Laufbahn war ja auch nicht sicher, wo sie überall »stationiert« sein würde. Als sich dann Delhi als ihr Hauptstützpunkt herauskristallisierte, gab es andere familiäre Gründe – von einer Erkrankung der Mutter angefangen –, warum der Ehemann nicht nachziehen konnte. »Wir sind die besten Freunde in einer sehr reifen Beziehung geblieben«, beschreibt es Bedi, die nach eigenen Worten auch ihr einziges Kind, eine Tochter, dazu erzogen hat, »ein selbständiges und selbstbestimmtes Leben zu führen«.

Nein, ich bedauere nichts, ich habe auf nichts verzichten müssen, sagt Bedi. Wiedergeboren will sie allerdings nicht werden, das hat sie am Ende ihrer 1995 erschienenen Biographie in Großbuchstaben festhalten lassen. Das versichert sie mir fünf Jahre später nochmals im Gespräch. »Ich habe so hart gearbeitet, ich kann nicht härter arbeiten, was sollte ich also bei einer Wiedergeburt beweisen? Wenn es eine Wiedergeburt gibt, dann doch, um es besser machen zu können. Aber ich habe mein Bestes gegeben, im Tennis, bei meinen Studien, in meinem Beruf. Ich habe mich durchgesetzt gegen die männlichen Kollegen. Ich möchte mich nicht nochmals durchsetzen. Ich habe mich in der Polizei engagiert, ich möchte mich nicht nochmals engagieren. Ich habe ein Gefängnis geleitet, ich möchte nicht noch einmal ein Gefängnis leiten. Ich möchte mein Leben nicht wiederholen.«

Aber wie, wende ich ein, wäre es mit einem anderen Leben, einem gemächlicheren mit mehr Freizeit, mehr Nichtstun, Bücherlesen, Privatgelehrte sein?

»Genau so etwas würde ich nicht wollen. Ich möchte nicht wiedergeboren werden, um nichts zu tun, um entspannt dahinzuleben. Ich mag keine Zeit verschwenden«, erwidert Bedi spontan. »Ehrlich, ich denke, ich habe die Befreiung verdient«, sagt sie und lacht.

Recht auf Leben

Wie das Mitgiftsystem Gesundheit und Leben von Indiens Ehefrauen bedroht

»Sie bezahlte mit ihrem Leben, weil der Ehemann einen Honda wollte«, so betitelte der *Indian Express* seinen Bericht über einen neuen Mitgiftmord in der indischen Hauptstadt Neu Delhi, der Anfang Mai 2000 erschien. »Die Differenz zwischen einem Honda City und einem Opel Astra kostete Shalini, eine 26jährige Hausfrau aus Pitampura in Westdelhi ihr Leben. Ihr Mann Rahul Aggarwal (30) hat gestanden, sie gestern aus nächster Nähe mit dem Revolver seines Vaters erschossen zu haben«, schrieb der *Express*. Die zweijährige Tochter des Paares soll nach der Tat den Großvater alarmiert haben.

Für Mona Diwan, die Mutter der Ermordeten, »war es der Höhepunkt dessen, was wir seit der Eheschließung der Tochter mit Rahul hatten wegwünschen wollen ... Die Geldforderungen begannen schon am allerersten Tag«. Doch weil der Vater Diabetiker sei und sie ihn daher nicht belasten hätten wollen, hätten sie und Shalini die Angelegenheit für sich behalten. »Mit der Zeit wird sich schon alles einrenken«, will die Mutter der Tochter Mut zugesprochen und selbst immer wieder Geld zusammengekratzt haben. Doch als es um ein neues Auto ging, kam sie zu spät.

Den Opel Astra, den Shalinis Eltern dem jungen Paar offenbar zur Hochzeit geschenkt hatten, hatte Rahul verkauft, unter anderem, wie vermutet wurde, auch deswegen, weil er unter dem Namen seiner Frau angemeldet war, er selbst aber der offizielle Eigentümer sein wollte. Nun hatte er anstelle des Opel einen Honda erworben und verlangte von Shalini, daß sie das Geld, das dieser Wagen mehr gekostet hatte, aufbringen sollte. »Das letzte Mal, als meine Tochter mich anrief, bat sie mich, das Geld rasch aufzutreiben, sonst würden sie (gemeint ist die Familie Rahuls) sie töten. Ich versicherte ihr, daß ich alles erledigen würde. Doch am Tag darauf wurde Shalini erschossen«, zitiert der *Express* Mona Diwan.

Nach dem Mord sollen Shalinis Eltern zunächst falsch informiert worden sein. Ihre Tochter sei die Treppe hinuntergestürzt und ins Krankenhaus gebracht worden, habe es in einem ersten Anruf geheißen. In einem zweiten sei ihnen der Tod der Tochter mitgeteilt worden. Kurz nach der Tat wurden Rahul Aggarwal und sein Vater in Untersuchungshaft genommen. Shalinis Eltern klagten auf Mitgiftmord.

Knapp eine Woche später berichtete die in Mumbai erscheinende Nachmittagszeitung *Afternoon* über »eine weitere entsetzliche Greueltat«. »Eine 19jährige Frau wurde von der Familie ihres Mannes bei lebendigem Leibe verbrannt.« Nach Polizeiangaben hatte Shabana ihren Mann Akran Khan (21) ein Jahr zuvor geheiratet und war dann zu ihm und seiner Familie nach Ghatkopar gezogen. Schon bald nach der Hochzeit hatten die Geldforderungen, und – als diese nicht erfüllt wurden – die Quälereien begonnen. Schließlich übergossen die angeheirateten Verwandten Shabana mit Kerosin und zündeten sie an. Die Frau erlag noch vor der Ankunft im Krankenhaus ihren Verletzungen. Im Zusammenhang mit der Tat wurden nach Angaben von *Afternoon* vier Personen in Polizeigewahrsam genommen.

Es sind zwei Berichte jener Art, wie sie in regelmäßigen Abständen in den indischen Medien erscheinen. Vergleicht man den weiteren Verlauf der Berichterstattung über derartige Fälle, trifft man stets auf eine Abfolge unterschiedlicher und widersprüchlicher Versionen; Aussagen werden gemacht, korrigiert, zurückgenommen und vielleicht später durch neue ersetzt. Im Mordfall Shalini divergierten alsbald die Darstellungen über den Erwerb der beiden Autos. Einig waren sich die Medien aber darin, daß – in einem eher ungewöhnlichen Nachspiel – die Angehörigen der Toten zum Haus des Schwiegersohns kamen, den Honda in Brand steckten und im Haus selbst schwere Verwüstungen anrichteten.

Sollte es in den genannten beiden Fällen zu Verfahren kommen, so drohen sich diese, wie Tausende andere im gesamten Land, über Jahre hinzuziehen. Mehr als dreitausend Fälle mutmaßlicher Mitgiftmorde sollen allein im südlichen Bundesstaat Karnataka anhängig sein, wie die in der Regionalhauptstadt Bangalore erscheinende Tageszeitung *Asian Age* im Mai 2000 berichtete. Seit 1997 sei es zu keiner einzigen Verurteilung mehr gekommen, 1996 seien es lediglich fünf gewesen, wird Karnatakas Sozialminister zitiert. »Die bestehenden Gerichte widmen diesen Fällen weniger Aufmerksamkeit«, erklärte der

Minister laut *Asian Age* und verlangte die Einrichtung von Sondergerichten für Mitgiftverbrechen.

Reformen im Gerichtswesen und Gesetzesänderungen allein müssen aber für die Frauen nicht unbedingt Verbesserungen bringen, wenn sie nicht von umfassenden Reformen in der Polizei und im Justizwesen begleitet werden. Zu groß ist die Kluft zwischen der Rechtslage – Mitgift ist seit 1961 verboten –, der gelebten Rechtspraxis und den vorherrschenden Gesellschaftsnormen. Schon in der Vergangenheit zeitigten daher positive Gesetzesänderungen keineswegs immer die erhofften Wirkungen. Wie etwa jene aus dem Jahre 1986, derzufolge ein Verbrechen vermutet wird, wenn eine Frau innerhalb der ersten sieben Jahre ihrer Ehe eines unnatürlichen Todes stirbt oder Selbstmord begeht und es bereits zuvor Klagen über Gewalt gegeben hat. Für beide Fälle wurde zugleich die Beweislast umgekehrt: Der Ehemann und seine Familie gelten somit als schuldig, solange ihre Unschuld nicht bewiesen wird.

Untersuchungen von »Vimochana«, einer der im Bereich Gewalt gegen Frauen tätigen NGOs mit Sitz in Bangalore, haben jedoch gezeigt, wie die gesetzlichen Bestimmungen in der Praxis systematisch unterlaufen werden. Ist die Zahl der geschlagenen und mißhandelten Frauen, die zur Polizei gehen, schon generell gering, so müssen selbst diese wenigen damit rechnen, dort abgewiesen und, oft auch unter Drohungen, wieder nach Hause geschickt zu werden. Wenn überhaupt ein Fall registriert wird, dann sind die

Aufzeichnungen häufig fehlerhaft, oder die Frau erhält entgegen den Bestimmungen keine Kopie der Niederschrift. Selbst in jenen Fällen, in denen eine Frau mit schweren Verbrennungen ins Krankenhaus gebracht wird und der dringende Verdacht auf einen Mordversuch besteht, werden häufig keine Aufzeichnungen seitens der Polizei gemacht. Erliegt eine Frau ihren Verletzungen oder begeht sie eines Tages Selbstmord, so fehlen die wesentlichen Beweise. Der Tod wird rasch als Suizid einer labilen Persönlichkeit oder aber als Unfall registriert: Ein Herd, der explodiert ist, oder eine Flamme, an der sich ein Sari entzündet hat, zählen offiziell zu den häufigsten Ursachen. Ein Herd wird mitunter selbst dann verantwortlich gemacht, wenn es, wie »Vimochana« in einem Fall recherchiert hat, im betroffenen Haushalt gar keinen gibt.

»Vimochana« stellte Versagen von Polizei, Ärzten und Justiz bei der Aufklärung mutmaßlicher Mitgiftmorde fest. Medizinische Protokolle sind in der Regel lückenhaft, Obduktionen werden nachlässig durchgeführt; »letzte Worte« der Opfer, die zur Aufklärung des Falles dienen sollen, werden häufig unter neuen Drohungen erzwungen: die Sterbende soll noch rasch den Mann und dessen Familie entlasten; die Gerichtsverfahren sind, so »Vimochana«, durchgehend von Gleichgültigkeit, Fehlern bei der Zeugeneinvernahme, mangelnder Koordination und zu alledem noch von extrem langer Dauer gekennzeichnet.

Beratungszentren und Helplines sind nach den Erfahrungen von »Vimochana« nur dann hilfreich, wenn sie das Interesse der Frau voranstellen und nicht den Erhalt der Ehe durch – angebliche – Versöhnung. Solange ihr Erfolg an der Zahl der Versöhnungen gemessen werde, verwandelten sich auch auf den ersten Blick hilfreiche Einrichtungen nur in eine weitere Falle: Die Polizei registriere einen Fall nicht, sie verweise ein Opfer von Gewalt an die Beratung, die dann alles daransetze, die Frau wieder zu ihrem Mann zurückzubringen. Am Ende stehe dann der Mord von fremder oder eigener Hand.

Wen soll es da verwundern, daß das Vertrauen in Polizei und Justiz minimal ist, fragen Mitarbeiterinnen von »Vimochana«, und daß selbst sehr viele Eltern von vermutlich ermordeten Töchtern das Ganze als Schicksal hinnehmen und sich erst gar nicht der mühseligen Prozedur eines Gerichtsverfahrens aussetzen wollen.

Doch es geht bei weitem nicht nur um die Strafjustiz. »Solche Morde werden weiter passieren, solange sich an der Stellung von Mädchen in ihrer Herkunftsfamilie nichts Wesentliches ändert«, sagt die in Mumbai lebende Frauenforscherin Nandita Gandhi, die gemeinsam mit ihrer Kollegin Nandita Shah Anfang der neunziger Jahre ein viel beachtetes Werk über »The issues at stake« (»Die Themen, um die es geht«) herausbrachte. »Ändern wird sich erst etwas, wenn die Eltern verstehen, daß auch Töchter eine ordentliche Bildung brauchen und auf eigenen Beinen stehen müssen, wenn Eltern ihre Töchter nicht mehr einfach nur verheiraten wollen.« Die Tatsache, daß Söhne traditionell bei den Eltern wohnen bleiben, Töchter aber nach der

Eheschließung Teil der Familie des Mannes werden, gilt als ein wesentlicher Grund, warum weniger in die Mädchen »investiert« wird.

»Ich sage immer: Eine Frau mag zwar von den Angehörigen ihres Mannes ermordet werden«, erklärt Brinda Karat, Generalsekretärin und Sprecherin der »Gesamtindischen Demokratischen Frauenorganisation« (AIDWA). »Das Todesurteil aber wird sehr oft von ihren eigenen Eltern unterzeichnet«, die ihr zureden, bei ihrem Mann zu bleiben, die sie zu diesem zurückschicken, wenn sie weggelaufen ist, weil ihr gedroht und Gewalt angewendet wurde, die letztlich Tradition und das eigene Ansehen, so wie es in dieser Tradition definiert wird, über das Leben der eigenen Tochter stellen.

»Wir müssen uns die Frage stellen, was denn eine Frau dazu veranlaßt, ein Leben in Gewalt zu ertragen: Da spielt zuallererst die Sozialisierung eine Rolle, die die Ehe als einzige Option für eine Frau offenhält, weswegen die Eltern auch Druck auf sie ausüben, nur ja nicht aus dieser Ehe auszubrechen«, sagt Karat. Solange eine gescheiterte Ehe einer Tochter als Stigma angesehen wird und die Heiratschancen jüngerer Geschwister beeinträchtigt, werden Frauen »geopfert«. Männer dagegen haben, wie Yamin Hazarika, die ehemalige Leiterin einer in der Hauptstadt Neu Delhi der Polizei angegliederten »Zelle für Verbrechen gegen Frauen« betont, kein Problem, eine neue Gattin zu finden. Selbst dann nicht, wenn sie bereits in einem Fall von Mitgiftmord für schuldig befunden wurden. Gandhi und Shah berichteten über Sharad Sarda aus dem südlich von Mumbai gelegenen Pune. Der Mann war in einer niedrigeren Instanz des Mordes an seiner Frau Manjushree für schuldig befunden und zum Tode verurteilt worden, das Höchstgericht hatte das Urteil aber aufgehoben. Als Frauengruppen davon erfuhren, daß Sharad wieder zu heiraten beabsichtigte, sprachen sie bei den Eltern der Braut vor: Diese erklärten den Frauen, »daß sie es sich nicht leisten könnten, ihre Tochter nicht zu verheiraten. Sie würden aber mit sich reden lassen, wenn die Frauengruppen bereit wären, einen anderen Mann für sie (die Tochter) zu finden«.

In ihren Kampagnen gegen Mitgiftmorde haben Frauengruppen seit den siebziger Jahren die unterschiedlichsten Strategien angewandt. Sie haben zu Sitzstreiks vor den Häusern mutmaßlicher Mörder aufgerufen; sie haben Nachbarschaftstreffen organisiert, um das Bewußtsein dafür zu wecken, daß derartige Verbrechen alle etwas angehen; sie haben plakatiert und Slogans gerufen; sie haben die Gewalt gegen Frauen zum Inhalt von Straßentheateraufführungen gemacht. Sie haben von Anfang an darauf hingewiesen, wie Polizei und Justiz im Interesse der Männer agieren. Und sie haben lange theoretische Debatten darüber geführt, warum eine aus einer Feudalgesellschaft stammende Tradition, wonach das Land an den oder die ältesten Söhne ging und die Töchter dafür eine Mitgift erhielten, derart degeneriert war. Kasten, in denen Mitgift einst als primitiver Handel geächtet war, haben sie längst eingeführt. So wie andere Bevölkerungsgruppen, in denen früher ein Brautpreis bezahlt wurde. Mit einer einmaligen Mitgift ist es in Tausenden und Abertausenden von Fällen aber längst nicht mehr getan. Ob ein Farbfernseher oder ein Moped, ein Kühlschrank oder ein Auto gewünscht oder Geld für eine Firmeneröffnung respektive -erweiterung benötigt wird: Die Familie der Ehefrau soll für die Finanzierung sorgen.

Die Erklärungsmodelle variierten, aber nicht nur linke Gruppen legten ihr Hauptaugenmerk auf die verheerende Verbindung feudaler Traditionen mit der Gier einer modernen kapitalistischen, konsumorientierten Gesellschaft. »Das, wofür man selbst nie die Eigenmittel wird aufbringen können«, sagt Nandita Gandhi, »soll die Familie der Ehefrau beschaffen.«

In den Diskussionen um Mitgift befürworteten einzelne Feministinnen sehr bald einen neuen Ansatz: Anstatt gegen Mitgift anzukämpfen, sollten sich Frauen vielmehr dafür einsetzen, daß Töchter beim Erbrecht gleichberechtigt würden mit den Söhnen. »Es kann keine Gleichstellung in der Ehe geben, wenn Frauen als Abhängige oder enterbte Töchter in die Familie ihres Mannes kommen«, schrieb Anfang der neunziger Jahre die Herausgeberin der feministischen Zeitschrift *Manushi,* Madhu Kishwar. »Frauen können in keiner starken Position sein, wenn ihre eigenen Eltern sie als Last empfinden.«

Im Frühjahr 2000 hat eine Rechtskommission nun eine weitreichende Reform des Hindu-Erbrechts vorgeschlagen – die verschiedenen Religionsgruppen in Indien haben ja weiterhin ihr jeweiliges Familienrecht. Geht es nach den Vorstellungen dieser Kommission, könnte eine Tochter künftig Anspruch auf einen gleich hohen Anteil am Familienvermögen wie ein Sohn erheben. Derzeit steht ihr lediglich ein solcher Anteil an dem von ihren Eltern erworbenen Besitzstand zu. Ist das älteste Kind eine Tochter, so würde sie in Zukunft zudem auch jene Funktionen ausüben können, die vorerst noch dem Sohn vorbehalten sind, also zum Beispiel die Ehen der jüngeren Kinder zu arrangieren.

Für Frauen würde dieser Anspruch auf einen gleichen Erbanteil am mobilen und immobilen Familienvermögen, einschließlich eines Familienunternehmens, eine wichtige Stärkung ihrer Position in ökonomischer wie sozialer Hinsicht bedeuten, argumentieren Juristen. Leila Seth, ehemalige Richterin am Obersten Gerichtshof von Delhi, rechnet sogar damit, daß die vorgeschlagenen Gesetzesänderungen für eine Gleichstellung der Frau im Erbrecht die Praxis der Mitgift zurückdrängen würden. Natürlich sind auch vermehrte Familienkonflikte nicht auszuschließen, gibt Seth zu, doch letztlich würden sich die Männer mit dem neuen Recht für die Frauen abfinden müssen.

Ein neues Erbrecht, so es durchgeht, wäre jedenfalls einer von jenen Schritten, wie ihn anläßlich der offiziellen Geburt des einmilliardsten Inders Anfang Mai 2000 zahlreiche Frauen und Kommentatoren wieder einmahnten. Der einmilliardste Inder war eine Inderin, ein Mädchen, belagert von Medien und Politikern. Aber welches Leben wird sie erwarten, sobald die Fernsehkameras weg sind und die Politiker sich wieder dem »business as usual« zugewandt haben? Steht der Einmilliardsten ein durchschnittliches Schicksal bevor, so wird auch sie kaum »eine Identität haben, die nicht durch den Mann definiert ist; die unerwünschte Tochter wird die Frau von irgend jemandem und, wenn sie Glück hat, die Mutter von Söhnen«, kommentierte die *Times of India* und betonte: »Da das Mädchen letztlich in eine andere Familie einheiraten wird, wird es von Geburt an übersehen ... Es wird aller Rechte – auf Ernährung, emotionale Zuwendung und Bildung – beraubt.« Hier ist, schon im Hinblick auf möglicherweise ins Haus stehende Kontroversen um die Mitgift, noch hinzufügen: Unter Umständen wird dem heutigen Mädchen bzw. der späteren Ehefrau nicht einmal das Recht auf Leben zuerkannt.

Andere Stimmen erinnerten an die UN-Konferenz von Kairo im Jahre 1994 über Bevölkerung und Entwicklung, bei der doch klar nachgewiesen worden war, welche Rolle die Gesundheit, Bildung und Selbstbestimmung von Frauen für die Bevölkerungsentwicklung eines Landes spielten. Über Zahlen jammern, führe nirgendwo hin. Vielleicht sollte das einmilliardste Baby den Anstoß dazu geben, kommentierte der *Indian Express*, daß sich Indien endlich Gedanken darüber macht, wie es seinen Frauen »ein besseres Leben bieten könnte«.

Nimm es dir!

Die neuen Frauen aus Indiens Mittelschicht

»Entdecken Sie mit Ihren gloriosen vierzig den Sex aufs neue«, empfiehlt die Ausgabe von *New Woman* (»Die neue Frau«) diesmal auf ihrem Titelblatt. Direkt unter dem Namen des indischen Monatsmagazins steht: »She's just like you« – »sie ist genauso wie Sie«. »Wenn Ihr Mann fremdgeht« und »Gesucht: Männer mit Sinn für Humor« lauten, neben den unumgänglichen Beiträgen zu Diäten, Fitneß, Mode und Kochkunst, zwei weitere große Artikel im neuen Heft. Nur Pornographie ist tabu, versichert die leitende Redakteurin, Indrani Nirmal Sarkar, ansonsten wird behandelt, was gerade in der Gesellschaft an Themen gärt. Gemeint ist damit, in der englisch- und anderssprachigen Mittelklasse, über deren Größe die Schätzungen stark schwanken. Sind es einhundert Millionen der heute eine Milliarde zählenden indischen Bevölkerung, oder einhundertfünfzig? Nach anderen Angaben sollen bereits bis zu dreihundert Millionen Inder und Inderinnen der Mittelschicht angehören. Mehr als fünfhunderttausend davon gehören jedenfalls zu der Leserschaft von *New Woman.*

Scheidung, ein Leben als Single, die in den Großstädten zunehmend übliche Kernfamilie, aber auch die immer häufigere Ein-Kind-Familie, Affären von verheirateten Männern wie Frauen, die Ehe als Farce, über alles wird berichtet. Am besten kommen dabei die Reportagen und Features über die ganz persönlichen Lebensgeschichten und Lebenskämpfe einzelner Frauen an.

»Wir sind ein progressives Magazin, also scheuen wir vor fast keinem Thema zurück«, sagt Sarkar und betont: »Aber wir fordern zu nichts auf. Natürlich wäre es am besten, wenn die Ehe aufrechterhalten bleibt, wenn es einer Frau gelingt, die Krise zu managen. Aber oft geht es eben nicht, dann bleibt nur die Scheidung ... Wir unterstützen solche Entwicklungen nicht, wir dokumentieren sie lediglich.«

Die zeitgemäße Inderin, wie Sarkar sie versteht, ist modern und traditionell zugleich. Sie hat eine gute Bildung, einen Job, der ihr finanzielle Unabhängigkeit garantiert, sie ist informiert über das Zeitgeschehen, sie steht auf einer Stufe mit den Männern. »Aber sie ist auch eine gute Ehefrau, Hausfrau und Mutter. Und sie achtet die überlieferten Werte.« Wie sie das alles schafft? »Kompromisse, Abstriche wird es immer geben.«

Szenenwechsel: »Wer hat heute noch ein Problem? Doch nur die Männer«, sagt Nalini S. selbstsicher. Die 35jährige, die in der Werbebranche in Mumbai tätig ist, trägt einen kurzen Haarschnitt und westliche Kleidung. Als wäre das alles Spielerei, jongliert sie mit Job, Haushalt, Mann und Kindern. Zumindest will sie es nach außen hin so erscheinen lassen. »Die Frauen sind ins 21. Jahrhundert vorgerückt. Die Männer müssen da erst noch nachrücken«, führt sie aus, während sie uns Drinks serviert. Über ihren Angetrauten, der sich das alles ruhig anhört, will sie dabei gar nicht klagen. Immerhin sei er begeisterter Vater ihrer zwei Töchter. »Auf einen Sohn hat er nie Wert gelegt.« Aber insgesamt gilt doch: Diese Fixierung auf Frauen als Gattinnen und Mütter, die müßten die Herren der Schöpfung schon noch überwinden. »Sie müssen lernen, mit der Zeit zu gehen«, wirft Nalini ein und schwirrt aus dem Raum, um wenig später mit Snacks zurückzukehren. Ist morgen wieder ein langer Arbeitstag, einer von jenen, die eine mehr als einstündige Anreise ins Büro und abends eine ebenso lange Rückfahrt erfordern? Müssen davor noch die Kinder für die Schule fertiggemacht und sonstiger Alltagskram erledigt werden? »Die moderne Inderin schafft das, sie ist effizient«, versichert Nalini und betont das »sie« auf eine Weise, daß alle verstehen: Er, der indische Mann, ist nun gefordert. Es liegt wahrlich an den Männern.

»Daß wir das Patriarchat überwunden hätten, können wir ja nicht gerade behaupten. Aber natürlich bewegt sich etwas und gibt es andauernd Veränderungen«, meint eine seit den siebziger Jahren in der Frauenbewegung engagierte Aktivistin aus Chennai (ehemals Madras). Da brauche sie sich nur ihre eigene Tochter anzusehen. Mit welcher Selbstverständlichkeit die 19jährige von Bruder und Vater Dinge einfordere, nach denen sie selbst nie zu fragen wage. »Meine Tochter findet mich häufig angespannt. Hör auf mit dem langen Gerede von Rechten«, sagt sie dann. »Nimm dir doch einfach, was dir zusteht.«

Unsichtbare Hände

Am Beginn der Emanzipation steht oft ein Kredit

»Wir arbeiten von der Morgendämmerung bis spät in die Nacht. Wir leisten Schwerstarbeit, um zu überleben. Es sind Millionen von Händen, die da schuften. Ist Arbeit alles, was es in unserem Leben geben soll? Wird unser Beitrag je anerkannt? Wird diesen Hände je der Respekt gezollt, den sie verdienen? Werden sie je die Chance bekommen, ein Buch zu halten?« fragt Gauriben und schildert den Lebensalltag von Frauen in den rund sechshunderttausend Dörfern des indischen Subkontinents. Noch vor Sonnenaufgang stehen sie auf, um, oft aus einer Distanz von mehreren Kilometern, Wasser zu holen. Sie müssen die Tiere melken und füttern, Tee für die Familie machen, die Kinder versorgen, dann aufs Feld gehen, pflügen, säen, jäten, ernten, nach der Rückkehr am Abend wieder den Büffel füttern, Getreide mahlen, Brotfladen formen, das Feuer schüren, Linsen, Reis und Gemüse kochen, die Wiege schaukeln, die Kinder waschen und zu Bett bringen, Kleider nähen. »Wir werden so müde. Auch wir sind doch Menschen, aber wen kümmert es, wenn wir nur zwei Stunden am Tag schlafen?« Und alles geht auf den Namen des Mannes – das Haus, die Kinder, die Tiere, der Ochsenkarren. »Erkennt doch diese unsichtbaren Hände an«, fordert Gauriben dann.

»Unsichtbare Hände«, so nennt sich auch das Video über Gauriben, das »Sewa«, die »Self Employed Women's Association« (»Vereinigung selbständiger Frauen«), in Ahmedabad gedreht hat. Oder besser gesagt: das Video, das – als eines von einer mittlerweile schon beachtlichen Sammlung – Frauen gemacht haben, die Mitglieder von »Sewa« sind. Frauen aus dem Dorf, Frauen aus den Slums der vier Millionen Einwohner zählenden Stadt im westlichen Bundesstaat Gujarat, aus dem auch Mahatma Gandhi stammt. Einige von denen, die heute wie selbstverständlich diese Filme drehen, sind Analphabetinnen, andere haben lediglich eine sogenannte funktionale Alphabetisierung durchlaufen, also die für ihre unmittelbaren Bedürfnisse nötigen Grundkenntnisse in Lesen, Schreiben und Mathematik erworben. Mehrere Frauen hatten noch nie einen Fernseher bedient, als sie auf der Videokamera von »Sewa« eingeschult wurden, manche noch nicht einmal einen Lichtschalter betätigt. Aber »play«, »forward«, »backward«, »stop«, »record« und ein paar weitere Begriffe waren schnell gelernt. Und »Sewa« hatte ihr Filmteam.

»Wenn wir diese Videos in den Slums oder bei Treffen in den Dörfern zeigen, reagieren die Frauen ganz begeistert darauf. Ja, das ist ihr Leben, da wird von ihnen gesprochen. So ist es, genauso wie in ›Unsichtbare Hände‹, so spielt sich ihr Alltag ab«, sagt eine der Trainerinnen an der »Sewa«-Akademie. »Was immer die Frauen leisten, es gilt einfach als ihre Pflicht, nicht als Arbeit. Es ist, was sie tun müssen, also wozu sollte es besonders gewürdigt werden?«

»Sind wir nur Sklaven?«, fragt Gauriben im Video. »Können wird nicht Teil der Entwicklung sein?« Trotz des gewaltigen Beitrags, den die Frauen für die Wirtschaft des Landes erbringen, warten sie vergeblich auf Anerkennung. Rund 93 Prozent der in Indien berufstätigen Frauen arbeiten im informellen Sektor, als Tagelöhnerinnen in der Landwirtschaft oder auf dem Bau, als fliegende Händlerinnen, Müllsammlerinnen, als Haushaltshilfen oder Heimarbeiterinnen. Sie weben, töpfern, sie erzeugen die *bidis* genannten Zigaretten, rollen *papads,* flechten Körbe. Sie sind »self employed«, Selbständige, und dieser Begriff erhält bei »Sewa« eine besondere Bedeutung. »›Ich bin selbständig.‹ Wenn eine Frau das sagt, dann betont sie damit: ›Ich bin nicht nur Tochter, Schwester, Gattin und Mutter. Ich bin ein eigenständiges, unabhängiges Wesen.‹«

Frauen dieses Selbstverständnis zu ermöglichen, war keine leichte Aufgabe. Als die Mitarbeiterinnen der Ende 1971 gegründeten und nach heftigen Auseinandersetzungen mit den Behörden im April 1972 als Gewerkschaft zugelassenen »Sewa« anfänglich in die Dörfer gingen, mußten sie erst das Vertrauen der Frauen gewinnen. Das konnte mehrere Monate dauern und eine Reihe von Besuchen erfordern. Aber warum sollten die Dorfbewohnerinnen auch annehmen, daß es ihren Gästen ernst war. Wer hatte sich denn je um ihr Wohlbefinden gesorgt, wer je echtes Interesse an ihnen gezeigt? Wer hatte ihnen, aber auch den selbständigen Frauen in Ahmedabad je helfen wollen? In der Stadt selbst lebten in den siebziger Jahren 97 Prozent dieser Frauen in den Slums, 93 Prozent waren Analphabetinnen, die meisten waren verschuldet und den Geldverleihern hilflos ausgeliefert.

Ela Bhatt und ihre Mitstreiterinnen wollten helfen. Bhatt stammt aus Gujarat wie Mohandas Karamchand Gandhi und ist eine große Verehrerin des zum Mahatma (»Große Seele«) ernannten Führers der indischen Unabhängigkeitsbewegung. Als Leiterin der Frauensektion in der Textilarbeitergewerkschaft (TLA) seit 1968 hatte sie das Los dieser Frauen im unorganisierten Sektor kennengelernt. Die TLA war damals die älteste und größte Textilgewerkschaft des Landes. Entstanden war sie nach dem Hungerstreik Gandhis im Jahre 1918, mit dem dieser seine Unterstützung für den Streik der in den Textilfabriken beschäftigen Arbeiter und Arbeiterinnen kundtun wollte. Die TLA betätigte sich dann auch stets im Sozialbereich.

Doch dieses karitative Engagement war Bhatt zu wenig. Die 1933 geborene Tochter einer wohlhabenden Brahmanenfamilie hatte sich gegen den Vater durchgesetzt und ein Jurastudium absolviert. Nun, Anfang der siebziger Jahre, war sie ungeachtet des Widerstands seitens des Handels wie auch der Behörden entschlossen, den Selbständigen mehr als nur karitative Unterstützung zukommen zu lassen. Als sie von der Ausbeutung der Stoffträgerinnen – Frauen, die auf dem Kopf riesige Stoffballen von den Groß- zu den Einzelhändlern transportieren – erfuhr, half sie ihnen, sich zu organisieren und gemeinsam höhere Löhne auszuhandeln. Damit war der Grundstein für »Sewa« – was zugleich »Dienst«

bedeutet – gelegt. Heute zählt die Organisation weit über zweihunderttausend Mitglieder und umfaßt Milch-, Salz-, Handels-, Kunsthandwerks- und eine Reihe anderer Genossenschaften, Produzentinnenvereinigungen, die »Sewa«-Bank und eine Reihe von Mikrokreditorganisationen, einen Wohnungsfonds, Kinderkrippen, Programme zur Altersvorsorge wie auch Krankenversicherungen, Video-»Sewa« und schließlich die »Sewa«-Akademie. Dort wird den Frauen von Alphabetisierungs- bis zu Managementkursen alles geboten, was sie für ihr berufliches Fortkommen benötigen. In elf der insgesamt 25 Bezirke von Gujarat ist »Sewa« tätig, die Bank selbst in neun Bezirken.

Geleitet wird »Sewa« von den Prinzipien Gandhis: *satya* (»Wahrheit«); *ahimsa* (»Gewaltlosigkeit«); Mut und Furchtlosigkeit wie bei echten *satyagrahis* (»Verfechtern der Wahrheit«); *sarvadharma* (»gleiche Achtung vor allen Religionen«); *swadeshi* (»Autarkie respektive Förderung lokaler Beschäftigung« und dies auch mittels traditioneller Dorfindustrien wie der Erzeugung von *khadi,* »Baumwollstoffen«); Beseitigung der Unberührbarkeit und Einheit aller Kasten; Dienst an den Ärmsten, besonders an den Frauen; Selbstbestimmung und Eigenverantwortung nicht nur im ökonomischen Sinn, sondern auch in Bezug auf das Menschenbild.

Den Arbeitstag, aber auch Treffen jeder Art, beginnen die »Sewa«-Frauen mit Gebeten und Liedern aller großen Religionen. Sofern sie eine Botschaft von konfessionsübergreifender Harmonie enthalten, können es ruhig auch Songs aus Hindi-Filmen sein, jenen Produktionen aus den Studios des Mumbaier Bollywood, in denen jeweils eine möglichst alle Genres, von der Lovestory bis zum Thriller, integrierende Geschichte mit viel Gesang, Tanz sowie Aufnahmen von Wasser und Bergen zu einem wunderbaren indischen *masala* (»Mix«) zusammengefügt werden. Auch heute haben sich die »Sewa«-Frauen im Versammlungsraum auf dem Boden niedergelassen, eine übernimmt die Rolle der Vorsingerin, die dann Auswahl und Abfolge der Lieder vorgibt. »Alle Religionen sind gleich, Gott möge uns Frieden schenken«, singen sie zum Abschluß. Es folgen einige Yoga- und Meditationsübungen, dann kann der Arbeitstag beginnen.

»Ein Hindu-Brahmane sollte einen *harijan* als seinesgleichen behandeln«, sagt Pratibha Pandya, eine leitende »Sewa«-Mitarbeiterin. Die Unberührbaren selbst verwenden diesen Namen, den Gandhi ihnen gab, nicht mehr, sondern nennen sich *dalits*, die »gebrochenen Menschen«. Vor allem in den Dorfgemeinden stößt die Forderung nach Gleichbehandlung häufig auf taube Ohren. So schnell ändern sich Menschen und Strukturen nicht. Bei Dorftreffen läßt sich häufig eine klare Sitzordnung feststellen – Angehörige der oberen Kasten da, *dalits* dort. Die *dalits* bekommen ihr Wasser aus einem anderen Container als der Rest des Dorfes. Bei Gruppentänzen dürfen *dalits* bisweilen gar nicht mitmachen. »Sewa« muß da immer wieder seine Prinzipien erklären und versuchen, Mauern einzureißen. Die *dalits* selbst wagen zunächst nicht, die ihnen zugewiesenen Plätze zu verlassen. Hier ist unser Platz, sagen sie, wenn »Sewa« sie aus der letzten Reihe nach vorne holen will. Dort ist ihr Platz, stimmen die Vertreterinnen höherer Kasten zu. So ist es immer schon gewesen. »Also erklären wir ihnen, daß wir alle gleichwertige Menschen sind und bei ›Sewa‹ auch als solche behandelt werden«, sagt Pandya.

Auch den Gedanken von der Gleichheit aller Konfessionen zu verbreiten fällt nicht immer leicht, zumal wenn ein neuerlicher Konflikt zwischen Hindus – sie stellen 82 Prozent der Bevölkerung – und Muslimen – 12 Prozent – eine Region erschüttert. Oder wenn, wie vermehrt seit der erstmaligen Regierungsübernahme durch die hindu-chauvinistische Indische Volkspartei (BJP) im Jahr 1998, Christen Opfer von Anschlägen und Verfolgung werden. Doch bei »Sewa« gilt: Die Frauen essen gemeinsam, es wird gemeinsam gebetet und alle religiösen Feiertage werden gemeinsam begangen.

Für Frauen aller Konfessionen sind ja auch die Programme von »Sewa« sowie die Bank. Dutzende Frauen drängen sich zu jeder Zeit an den Schaltern der im ersten Stock eines Bürogebäudes einquartierten Bank unweit des »Sewa«-Hauptsitzes, der diesseits des Flusses liegt, Bank und Akademie befinden sich gleich jenseits und sind über die an dieser Stelle gelegene Brücke binnen Minuten zu erreichen.

Die Frauen heben Geld ab, zahlen ein, beantragen neue Kredite oder eröffnen erstmals ein Konto. Alle Konten oder Kredite laufen auf ihren Namen, lediglich auf ausdrücklichen Wunsch ist ein gemeinsames Konto mit dem Mann möglich.

Insgesamt gibt es derzeit 130.000 Spar- und Girokonten, seit ihrer Gründung im Jahr 1974 hat die Bank Kredite im Gesamtumfang von 350 Millionen Rupien (zum derzeitigen Wechselkurs etwa zwanzig Millionen Mark) vergeben. Die einzelnen Beträge, die da ein- oder ausgezahlt werden, belaufen sich freilich zumeist auf wenige Rupien. Fünfzig bis einhundert Rupien werden im Schnitt monatlich gespart.

Viele Bedingungen sind mit jenen regulärer Banken ident. So beträgt der Jahreszinssatz derzeit allgemein, und daher auch bei »Sewa«, 17 Prozent – wobei die Geldverleiher, an die sich die Frauen sonst wenden müßten, oft zwei bis drei Prozent am Tag verlangen. »Sewa« ist eine Bank für die Armen, die mangels verfügbarer Sicherheiten in landläufigen Banken keine Chance auf einen Kredit hätten. Neben den ganz normalen Bankdiensten stellt »Sewa« daher auch einen besonderen Service zur Verfügung. Die Frauen, von denen die meisten Analphabetinnen sind, werden genauestens mit den Prinzipien von Kontoführung, Zinsen und Krediten, aber auch dem sicheren Umgang mit dem Sparbuch vertraut gemacht. Während das Personal alle Papiere ausfüllt und die Klientinnen mit einem Daumenabdruck unterzeichnen können, sollen sie darüber informiert werden, was hier vor sich geht. Ein individuelles Konto dürfen dabei nur die Frauen aus der Stadt selbst eröffnen. Dorfbewohnerinnen müssen jeweils eine Gruppe bzw. einen Sparverein bilden, in dem »Sewa« dann mehrere Frauen eigens dafür ausbildet, Geld zu verwalten und Buch zu führen. In die näher gelegenen Bezirke fahren dann »Sewa«-Vertreterinnen, um das Geld zu holen. Aus den entfernteren Regionen muß jeweils eine Frau nach Ahmedabad anreisen.

Voraussetzung für die Aufnahme eines Kredits ist ein mindestens seit einem Jahr laufendes Sparbuch mit regelmäßigen Einzahlungen, außerdem muß der Kredit in das Gewerbe der jeweiligen Kreditnehmerin investiert werden. Die Frau kann neue Ware damit kaufen oder eine Nähmaschine, wenn sie Schneiderin ist, einen Büffel, um dann die Milch verkaufen zu können. »Zumindest der erste Kredit darf nie für einen anderen Zweck beantragt werden«, erklärt eine Angestellte. »Wenn wir einmal gute Erfahrungen mit einer Klientin gemacht haben, dann ist es durchaus möglich, daß sie auch Geld für die Verbesserung ihrer Wohnstätte bekommt.«

»Sewa« hat auch an die gedacht, für die es unmöglich ist, selbst in größeren Zeitabständen zur Bank zu kommen, wie die meisten Frauen von den Dörfern, aber auch viele in Ahmedabad. Zu Fuß zu gehen schaffen sie zeitlich nicht. Selbst einige wenige Rupien für Bus oder Rikscha auszugeben, können sie sich nicht leisten, wo doch jede einzelne Rupie für das Überleben der Frauen und ihrer Familien gebraucht wird. Also kommt die Bank per Minibus zu den Frauen.

Die Rückzahlungsrate liegt, wie weltweit bei den meisten Mikrokreditprogrammen, bei über neunzig Prozent. Die Gründe, warum die übrigen knapp fünf bis zehn Prozent der Frauen ihren Zahlungen nicht nachkommen, hat »Sewa« genau recherchiert und daraus auch die Konsequenzen gezogen. Wenn Kreditnehmerinnen zahlungsunfähig wurden, dann war das eine Folge von Erkrankungen, Unfällen, dem Tod des Ehemannes, von Mutterschaft oder der Zerstörung respektive Beschädigung der Arbeitsgeräte, sei es durch Unruhen, Unwetter oder mutwillige Beschädigung. In Kooperation mit zwei indischen Versicherungsgesellschaften hat »Sewa« daher ein speziell auf die selbständigen Frauen zugeschnittenes Versicherungspaket ausgearbeitet. Wer sechzig Rupien Jahresprämie berappt, ist dabei. Für Kreditnehmerinnen ist die Versicherung Pflicht. »Mittels der ›Sewa‹-Bank«, sagt Ela Bhatt, »können wir, im Sinne Gandhis, auf völlig gewaltfreie Weise die Kontrolle der Männer ausschalten.«

Eine, die die Dienste der Bank besonders häufig und auch besonders erfolgreich in Anspruch genommen hat, ist Nanuben Vithalbhai. Mit sieben Rupien in der Tasche kam sie mit ihrem Mann vor wenigen Jahren nach Ahmedabad, das zu Anfang dieses Jahrhunderts im Ruf eines »Manchesters von Indien« stand, solch eine bedeutende Rolle spielte die Textilindustrie hier. Auf dem Dorf fanden die beiden kein Auskommen mehr, obwohl die Tage kaum noch länger und härter hätten sein können. Um vier Uhr stand Vithalbhai Tag für Tag auf, um Wasser zu holen, zwei Gefäße trug sie auf dem Kopf, eines an der Hüfte, eines in der Hand, dann folgten die vielfältigen Aufgaben eines normalen Lebens in der Großfamilie: Tiere betreuen, kochen, nähen, putzen, Kinder und ältere Menschen versorgen … Danach ging sie »arbeiten« – Beerensammeln war ihre Einnahmequelle, die ihr nur wenige Rupien und selbst diese unregelmäßig einbrachte.

Nachdem Vithalbhai und ihr Mann in Ahmedabad bei Verwandten untergekommen waren, zogen sie Schritt für Schritt ihren »Textilhandel« auf. In dem mit einem Schnellzug in sieben Stunden erreichbaren, südlich von Ahmedabad gelegenen Mumbai kauften sie alte Kleider ein, weil die dort billiger waren, besserten sie auf und verkauften sie wieder. Durch Zufall erfuhr Vithalbhai dann von »Sewa«. Auf fünfhundert Rupien belief sich ihr erster Kredit, die nächsten der bisher insgesamt dreizehn Kredite waren schon um einiges höher. Vithalbhai kaufte eine Nähmaschine an, dann eine zweite, dann ein ordentliches Bügeleisen, später ein Stück Land, auf dem sie ein kleines Ziegelhaus errichtete. Heute beschäftigt sie sogar eine Frau als Büglerin. Und ihr Vermögen beläuft sich auf vier Lakh, das sind vierhunderttausend Rupien, womit sich der Titel des Videos über ihre Geschichte von selbst ergab: »Der Weg von sieben Rupien zu vier Lakh« nennt sich die knapp zehnminütige Produktion, die bei der vierten Weltfrauenkonferenz in Beijing im September 1995 ausgezeichnet wurde.

Weitere Videos dokumentieren den Lebensweg einer Bauarbeiterin; das Wohnbauförderungsprogramm von »Sewa« und die Bedeutung eines adäquaten Wohnraums für Heimarbeiterinnen; den Arbeitsalltag einer Händlerin auf dem Gemüsemarkt Manek Chowk im Zentrum von Ahmedabad; eine Milchgenossenschaft; die Arbeit der Papiersammlerinnen von Ahmedabad;

Bau und Funktionsweise einer Kochstelle, die keine gesundheitsschädigende Rauchbildung verursacht; eine Rehydrationstherapie für Kinder, die an Diarrhöe, einer der immer noch häufigsten Todesursachen bei Minderjährigen, leiden; Geschichte, Anliegen und Arbeitsmethoden von »Sewa« und nicht zuletzt die Entstehung und ersten Versuche von Video-»Sewa« selbst.

Messen läßt sich der Erfolg von »Sewa« bei allen Videos schon an der Selbstverständlichkeit und Selbstsicherheit, mit der Frauen da über sich und ihre Anliegen reden. Das sind Frauen, die noch wenige Jahre zuvor nicht den Mund aufgemacht hätten, weil sie so nicht erzogen worden waren. In Gegenwart des Mannes, aber auch der anderen Mitglieder der Familie, in die sie eingeheiratet hatten, hatten sie zu schweigen und zu gehorchen. Das war ihnen mitgegeben worden von frühester Kindheit an. »Eine Tochter, ganz besonders in armen Familien, erlebt vom ersten Tag ihres Lebens an nur Entbehrungen. Zu essen bekommt sie nie genug, Bildung wird ihr zumeist vorenthalten. Sie wird nicht dazu ermutigt, ihre Bedürfnisse zu äußern, geschweige denn, für deren Erfüllung zu kämpfen«, sagt die leitende Mitarbeiterin Pandya. »Wenn sie dann für Geld zu arbeiten beginnt und heiratet, wird sie sich auch nicht gegen ihren Arbeitgeber und ihren Ehemann zur Wehr setzen. Sie wird schweigen und ertragen. Frauen zum Reden zu bringen, sie dazu zu ermutigen, über sich selbst zu sprechen, ist daher immer der erste große Schritt« bei »Sewa«.

Was »Sewa« erreicht hat, beschreibt Ela Bhatt

mit folgenden Worten: »Aus einer verheerenden passiven Hinnahme aller Ungerechtigkeiten haben die ›Sewa‹-Frauen den Mut geschöpft aufzustehen und zu kämpfen, sie haben gelernt, eigenständig zu denken, zu handeln, zu reagieren, zu managen und zu führen. Möglich ist das geworden, indem sich die Frauen organisiert haben. Nur, indem sie sich organisieren, können sie erreichen, was sie anstreben: Sie wollen im wahrsten Sinne des Wortes selbständig sein.«

Jede könnte es sein

Wie indisch ist gleichgeschlechtliche Liebe?

Zehn zu fünf. Drei zu acht. Sieben zu vier. Zwei zu sechs. Die Zahlenangaben mögen danach klingen, doch diesmal geht es wirklich nicht um Sportergebnisse. Angeregt von der Videoaufzeichnung einer britischen Fernsehproduktion, die sie sich soeben angesehen haben, diskutieren lesbische Frauen vielmehr darüber, wie viele Anteile von »Butch« und »Femme« sie jeweils in sich tragen. Das vom britischen Film vorgegebene Spektrum bewegt sich dabei zwischen Null und Zehn. Das Gespräch verläuft spielerisch, die Frauen scherzen und lachen, eine nach der anderen jongliert mit ihrer Zahlenkombination. Und doch ist es ihnen ernst, denn es betrifft jenen wichtigen Teil ihrer Identität, den kaum eine offen zu leben wagt.

Natürlich gibt es in Indien, wie wohl in jedem anderen Land der Welt, Lesben – um diese Frage hatte sich 1998/99, anläßlich des auch in europäischen Kinos gezeigten Films »Fire« der indisch-kanadischen Regisseurin Deepa Mehta eine heftige Kontroverse auf dem Subkontinent entsponnen. In dem Film finden zwei von ihren Männern emotional wie sexuell vernachlässigte Schwägerinnen beieinander Halt. Aus der freundschaftlichen wird langsam eine intime Beziehung, bis die beiden Frauen, Radha und Sita, aus ihren Familien ausbrechen, um gemeinsam ein neues Leben zu beginnen.

Das haben in der Realität auch viele Inderinnen versucht. Doch nur ganz selten einmal sagt eine unumwunden: »Mich kannst du mit Namen zitieren. Ich habe mich geoutet. Ich habe nichts zu verbergen.« Geoutet oder nicht: Alle brauchen Räume wie diesen in einer indischen Großstadt, wo sie zu regelmäßigen Treffen zusammenkommen, um wenigstens hier unbeschwert ihresgleichen begegnen und offen reden zu können. Genauer gesagt, sie bräuchten Räume wie diesen. Es gibt sie erst an wenigen Orten, an anderen sind einzelne Lesben bemüht, so etwas zu organisieren

Also: »Butch« oder »Femme«? Oder doch eher »androgyn«? Oder sind solche Kategorien irrelevant? Und welche Partnerin zieht jede einzelne Frau vor? Wie wird sie von den anderen Anwesenden gesehen? Die Frauen sind zwischen zwanzig und fünfzig Jahre alt. Eine der Anwesenden, mit kurzen Haaren, in Jeans und Hemd gekleidet, würde in einschlägigen »Szenen« wohl sofort als »eine von uns« erkannt werden. Eine andere, geschminkt und im eleganten Sari, überrascht dafür mit ihrer Selbstdefinition als »Butch«. Die meisten sind Singles, zumindest offiziell für die heterosexuelle Welt da draußen, einige jüngere haben das Ringen mit den Eltern, die schon auf der Suche nach einem Ehepartner für sie sind, noch nicht ausgestanden.

In der indischen Stadt Chennai, dem ehemaligen Madras, entscheidet unterdessen eine junge Lesbe diesen Kampf – vorerst jedenfalls – gerade zu ihren Gunsten. Buchstäblich in letzter Minute kann sie sich der Heirat entziehen, mit Hilfe einer Freundin findet sie ein Zimmer zur Untermiete, das sie sich gerade leisten kann. Es wird in jeder Hinsicht schwierig werden. Denn viel verdient sie nicht in ihrem jetzigen Job, daneben will sie auch noch studieren. Und dann ist ja weiter mit dem Druck der Eltern zu rechnen. Schon hat die Mutter ihre Bürokolleginnen angerufen und es auf die emotionale Tour versucht: Krank sei sie, die Tochter solle sie doch besuchen kommen. Nur nicht, sagt die Freundin, die von einem Fall weiß, wo die Eltern die Tochter dann zu Hause eingesperrt haben. »Und was tun wir dann?«

Die Lebensgeschichten, die Lesben aus den verschiedensten Orten des Subkontinents erzählen, belegen jedenfalls, was das Wochenmagazin *Outlook* anläßlich der Kontroversen um den Film »Fire« zur Jahreswende 1998/99 ganz öffentlich feststellte: In einem mehrseitigen Artikel mit dem Titel »Frauen ohne Männer« wurde betont, daß es lesbische Beziehungen nicht nur unter der Schickeria der Modedesigner gebe, sondern »unter den ganz gewöhnlichen Durchschnittsbürgerinnen: Ihre Ehegattin, Ihre Schwester, die Oma, die zu Hause strickt und schwatzt; die Putzfrau, die Ihre Fußböden wäscht, die gestandene Bankbeamtin, die Ihren Scheck einlöst« – jede könnte lesbisch sein. »Diese Lesben leben nicht nur in den Hoch- und Penthäusern der Großstädte, sondern in städtischen wie in ländlichen Gebieten … und nein, sie sind nicht, wer sie sind, weil MTV sie dazu gemacht hat.«

Um das zu belegen, hätte *Outlook* nur auf indische Medienberichte aus den achtziger Jahren zurückgreifen müssen, also der Zeit vor der 1991 eingeleiteten Wirtschaftsliberalisierung und dem damit einhergehenden Einzug des Kabelfernsehens. Es hätte an die beiden Polizistinnen erinnern können, die schon damals einen Priester gefunden hatten, der für sie eine Hochzeitszeremonie durchführte. Oder es hätte die damals erschienenen aufgeregten Meldungen über lesbische Beziehungen in Mädchenheimen zitieren können. Anstelle von MTV hätte *Outlook* zudem auch irgendein anderes jener Symbole anführen können, die für die Gegner von »Fire« den verderblichen Einfluß des Westens zum Ausdruck bringen. »Fire« laufe der indischen Kultur zuwider; der Film verletze die Gefühle der Hindus; er konfrontiere die Inder und Inderinnen »unnötigerweise« mit dem Thema Homosexualität; wenn Inderinnen plötzlich ihre sexuellen Bedürfnisse in lesbischen Beziehungen befriedigten, zöge das den Zerfall der Familie und ein Ende der Fortpflanzung nach sich – so lauteten die Anklagen, mit denen vor allem die in Mumbai starke radikale Hindu-Partei »Shiv Sena« gegen den Film von Deepa Mehta zu Felde zog.

Bei Argumenten wollte es die »Shiv Sena« freilich nicht belassen. Als im November 1998 der Film in den indischen Kinos anlief, da war er schon zwei Jahre alt und hatte international eine Reihe von Auszeichnungen erhalten. Auch auf dem Subkontinent gab es zunächst keine Anzeichen für die Gewalt, die folgen sollte. Die Zensurbehörde hatte den Film gebilligt, ohne einen einzigen Schnitt einzumahnen. Mehrere Wochen konnte »Fire« dann Ende 1998 ungestört und mit

Erfolg gezeigt werden. Die Verleihfirma sprach von bis zu achtzig Prozent Auslastung der Kinosäle, eine nur für Frauen angesetzte Vorstellung in Mumbai soll zur Gänze ausverkauft gewesen sein. Und bei den intimen Szenen zwischen den beiden Schwägerinnen Radha und Sita sollen die Kinobesucher – Frauen wie Männer – einfach schweigend zugesehen haben.

Doch dann schlugen Anfang Dezember die Shiv Sainiks zu, genauer gesagt, Mitglieder der »Mahila Aghadi«, des Frauenflügels der »Shiv Sena«. Mitten in eine Vorstellung im Cinemax-Kino im Mumbaier Vorort Goregaon platzten sie hinein, zerschlugen Glasscheiben und verbrannten Poster. Am folgenden Tag wurde bei einem ähnlichen Angriff das Regal-Kino in Neu Delhi schwer beschädigt. In Surat im westlichen Bundesstaat Gujarat vollführten Angehörige der »Bajrang Dal«, einer radikal-hinduistischen Jugendorganisation, ihr Werk der Zerstörung in zwei Lichtspielhäusern. Landesweit setzten Kinos »Fire« daraufhin aus Angst vor Vandalismus ab. Der Film mußte schließlich zurück zur Zensurbehörde – wo er ein zweites Mal widerspruchslos genehmigt wurde.

Für die Verfechter der Meinungsfreiheit in Indien hatte das Land damit seine demokratische Reife unzweifelhaft unter Beweis gestellt. Die »Shiv Sena« aber hatte bei einer Reihe von Politikern Unterstützung gefunden, allen voran beim damaligen Chefminister des Bundesstaates Maharashtra, der sich voll hinter die Proteste stellte. Später und auf Druck von Vertretern der Zivilgesellschaft hin begann er dann zu lavieren und halbherzig eine Trennlinie zwischen seiner Befürwortung von Kundgebungen und seiner gleichzeitigen Ablehnung von Vandalismus zu ziehen.

Die »Shiv Sena« unter ihrem Supremo (Führer) Bal Thackeray, der in der Vergangenheit mehrfach seiner Bewunderung für Adolf Hitler Ausdruck verliehen hatte, schoß sich sowohl auf die Regisseurin des Films wie auch auf eine der Hauptdarstellerinnen ein. Deepa Mehta ist zwar gebürtige Inderin, war aber bereits Anfang der siebziger Jahre nach Kanada gegangen. Weil sie »Fire« noch dazu in englischer Sprache drehte, brauchten selbsternannte Verteidiger der hinduistischen Kultur nicht lange nach Vorwürfen zu suchen: Mehta wurde beschuldigt, ihrer Heimat entfremdet zu sein und für ein westliches Publikum einen Film gemacht zu haben, der ihr Land in einem »ungünstigen Licht« darstelle.

Shabana Azmi, die in »Fire« die Rolle der Radha spielt, mag zwar eine der in Indien renommiertesten Filmschauspielerinnen sein, Thackeray und Konsorten erblickten nun aber in erster Linie die Muslimin in ihr, eine Angehörige jener mit rund zwölf Prozent der Bevölkerung größten religiösen Minderheit des Landes, der der »Shiv-Sena«-Chef schon mehrfach die kollektive Emigration ins benachbarte, vorwiegend muslimische Pakistan nahegelegt hatte. Untergriffe gegen Azmi folgten, sie solle doch bitte nicht ihr Privatleben auf der Leinwand festhalten lassen, wurde ihr nahegelegt, und die damalige Informationsministerin Sushma Swaraj wurde als Azmis »gute Freundin« gleich mitdiffamiert.

Unter Künstlerinnen und Künstlern aller

Sparten und in der Gesellschaft formierte sich der Widerstand gegen den »kulturellen Notstand«, wie ihn Mumbai dank der »Shiv Sena« schon mehrfach erlebt hatte. Da waren etwa schon vor dem Streit um »Fire« Bilder des Malers Husain zerstört worden, weil es ihm, als Muslim, nicht zustehe, nackte Hindu-Göttinnen zu malen. Eine Gruppe von Anwältinnen brachte nun, nach dem Wüten der »Shiv Sena« gegen Kinos, die Mehtas Film zeigten, eine Anklage auf Wiederherstellung von Recht und Ordnung sowie Einhaltung der Verfassung ein. In Fernseh-Talk-Shows und anderen öffentlichen Debatten verwehrten sich Bürger entschieden gegen selbsternannte Moralpolizisten und pochten auf ihr Recht, auch einen Film mit lesbischer Thematik ungestört sehen und sich ihr eigenes Urteil bilden zu dürfen. Es wurde an Bücher erinnert, die sich lange vor »Fire« mit Homosexualität in der indischen Kunst und Kultur auseinandergesetzt hatten. Medien, die bereits aufgebrachte »Sena«-Frauen mit Sprüchen wie »Das Recht sind wir« zitiert hatten, gingen in Analysen und Kommentaren der Frage des Definitionsrechts nach. Wer wolle sich denn in einem so riesigen Land wie Indien, der von der Bevölkerungsanzahl her größten Demokratie der Welt, die noch dazu von einer überwältigenden Vielzahl an Sprachen und Kulturen gekennzeichnet sei, überhaupt anmaßen, zu definieren, was nun indisch sei und was nicht? Wem stehe es denn zu, sich zum Richter darüber zu erheben, was mit dem Hinduismus konform gehe und was nicht, wo dieser doch nicht über eine dem Christentum vergleichbare Kirchenstruktur, päpstliche Autorität oder Heilige Schrift verfüge, sondern gerade die Vielfalt von Strömungen, Schulen und regionalen Ausformungen sein Wesen ausmache?

Im Rajya Sabha, dem Oberhaus des indischen Parlaments, kam es zu erbitterten Auseinandersetzungen zwischen den Vertretern hinduchauvinistischer Parteien und den übrigen Abgeordneten, zu denen auch Shabana Azmi, die Darstellerin der Radha in »Fire«, zählte. An politische Konflikte war die Schauspielerin gewohnt. Als Tochter einer Schauspielerin und eines in der Linken fest verwurzelten Dichters wurde ihr nach eigenen Angaben schon früh klar, daß auch sie nur in diesen beiden Welten – Kunst und Politik – zu Hause sein konnte. Sie hat sich an ihrem Wohnsitz Mumbai den Schutz der Slumbewohner vor Vertreibung und Zerstörung ihrer Hütten als Ziel gesetzt. Mehr als die Hälfte der vermutlich zwölf Millionen Einwohner der Stadt lebt in Slums. »Wo sollen sie denn hin, wenn man sie wegjagt? Die Lösung kann nur darin bestehen, die Slums zu sanieren.« Mit solchen Äußerungen hatte Azmi schon lange vor »Fire« den Zorn so mancher Politiker auf sich gezogen. Daß sie mit ihrer Rolle in »Fire« viele Menschen erst recht provozieren würde, war ihr bewußt. Zwei Wochen will sie sich Bedenkzeit erbeten haben, nachdem Mehta an sie herangetreten war. Dann sagte sie ja, und stand dazu, wie Nandita Das, die Darstellerin der Sita, die sich auf Rat eines Freundes von sich aus bei Mehta vorstellte und sofort die Rolle bekam. Mit Homosexualität habe sie kein Problem, es sei etwas, das es »natürlich bei uns immer gegeben« habe, stellte Nandita, auch sie Tochter eines Künstlers, des Malers Jatin Das, und an Selbstbestimmung gewohnt, in Interviews fest. Zugleich äußerte sie schon vor dem Anlaufen von »Fire« in Indien ihre Bedenken darüber, wie der Film wohl aufgenommen werden würde. Von Bewunderung für die Courage der Protagonistinnen bis hin zu Todesdrohungen wollte sie nichts ausschließen.

Alles andere wäre auch naiv gewesen. Ungeachtet des Umgangs der indischen Gesellschaft mit dem Thema Homosexualität in der Vergangenheit ist nicht zu übersehen, daß Homosexuelle heute schlimmsten Vorurteilen, Diskriminierungen und Aggressionen bis hin zu physischer Gewalt ausgesetzt sind. Daß sich vor allem Schwule zunehmend organisieren, hängt auch mit AIDS zusammen: So gerne es das offizielle Indien noch immer abstreiten würde, auch auf dem Subkontinent verbreitet sich die Immunschwächekrankheit, und Initiativen sind dringend erforderlich. »Aus allen Teilen des Landes und nicht nur aus den Metropolen, sondern auch aus den wirklich kleinen Städten, haben Gruppen diesmal Vertreter geschickt«, erzählt ein Schwuler begeistert über die jüngste einschlägige Konferenz, die im Mai 2000 in der Nähe von Mumbai stattfand. Neunzig Prozent der Delegierten waren Männer, aber immerhin zehn Prozent lesbische Frauen. Und einige Medien berichteten sogar kurz über die Tagung.

Auch im Zusammenhang mit der Vorführung des Films »Fire« hatten Lesben gemeinsam mit Menschenrechts- und anderen Organisationen versucht, eine Öffentlichkeit zu schaffen. Vertreterinnen von mehr als dreißig Frauengruppen, darunter auch lesbische Frauen, veranstalteten eine Kundgebung vor dem von den Hindu-Fanatikern beschädigten Regal-Kino in Neu Delhi. Für kurze Zeit gab es eine Kampagne für die Rechte von Lesben (»Caleri«). »Doch die war dann, sobald sich die Aufregung um ›Fire‹ gelegt hatte, leider nicht aufrechtzuerhalten«, erzählt heute eine, die damals mitmachte. »Für so etwas war es einfach noch zu früh.« Die erste Voraussetzung für solche Aktionen wären mehr Frauengruppen von der Stärke der bereits erwähnten, in der auch sie mitarbeitet. »Wir müssen untereinander viel selbstverständlicher zu unserer Identität stehen, bevor wir mit Kampagnen an die Öffentlichkeit treten«, ergänzt eine andere Frau. Sie hat den Eindruck, daß aus Anlaß von »Fire« vor zwei Jahren so heftig über sexuelle Selbstbestimmung, Differenz und deren Akzeptanz debattiert wurde wie selten zuvor.

»Es brauchte so viel Zeit, bis in Frauenkreisen überhaupt über weibliche Sexualität und Bedürfnisse gesprochen wurde«, betont auch Urvashi Butalia, Mitbegründerin und Co-Leiterin des feministischen Verlags Kali for Women. »Lange wurde nur über vielfältige Formen der Unterdrückung geredet.« Als der Verlag kurz vor der Kontroverse um »Fire« ein Buch über Sexualität in Indien in Auftrag gab, habe sich, so Butalia, keine Frau dazu bereiterklärt, einen Beitrag über Lesben zu verfassen. Die einzige, die dies vermutlich getan hätte, war den anderen zu direkt und kompromißlos. »Wir schlugen dann vor, eine Diskussion unter mehreren Lesben zu veranstalten und diese im Buch abzudrucken, ohne die Namen der Teilnehmerinnen zu nennen. Doch auch das ging nicht durch«, erzählt Butalia, die nun von einer »echten Lücke« in dem Werk spricht.

Nicht ausgeklammert wurde das Thema Homosexualität in der feministischen Zeitschrift *Manushi.* Mitbegründerin und Herausgeberin Madhu Kishwar löste mit ihren Ausführungen zu diesem Thema eine leidenschaftliche Debatte auch in einem Netzwerk südasiatischer Frauen in Nordamerika aus, die bis heute in der Zeitschrift fortgesetzt wird. Zum einen geht es um die Frage, ob es nicht an der Zeit wäre, »Fire« nach ausschließlich ästhetischen Kriterien zu beurteilen. Daran schließt sich die Frage, ob man den Film angreifen dürfe, ohne sich dem Verdacht auszusetzen, der »Shiv Sena« und anderen Hindu-Fanatikern nahezustehen. Eine ganze Reihe von Leserinnen schloß sich übrigens Kishwars äußerst negativem Urteil an. Schlecht gemacht sei der Film, die Liebesszenen langweilig und einzelne Sequenzen äußerst unrealistisch.

Darf man aber auch die Person Deepa Mehta angreifen? Kishwar wies mit Hingabe nach, wie die Regisseurin sich in ihren vielen Interviews gegenüber indischen wie internationalen Medien häufig selbst widersprach. Wolle Deepa Mehta nun, fragte Kishwar in *Manushi,* wie sie einmal behauptet habe, subversiv sein, indem sie es wagte, die in den alten Traditionen verankerte indische Gesellschaft mit dem Thema lesbischer Liebe zu konfrontieren? Dann, so Kishwar, habe sie mit Ablehnung und Aufregung rechnen müssen. Oder sei Homosexualtität ohnedies schon immer Teil indischen Lebens gewesen und die Empörung über ihren Film somit unverständlich, wie die Regisseurin an anderer Stelle erklärt habe? Kishwar warf Mehta Feigheit vor, weil sie für die indische Version aus der Sita – mit diesem Namen verbinden Inder den Inbegriff der hingebungsvollen, dem Mann treu ergebenen Ehefrau aus dem großen Epos »Ramayana« – eine Nita machte. Und sie ging noch weiter, zu weit für viele südasiatische Frauen: Da geht, griff Kishwar Mehta an, eine Inderin früh in ihrem Leben »nach England und nach Kanada, wird kanadische Staatsbürgerin, heiratet einen Kanadier ihrer Wahl, und diese nicht-traditionelle, sehr moderne Ehe funktioniert nicht. Sie braucht zwei Jahre, um sich zu entscheiden, ob sie aus der Ehe ausbrechen soll – und das Produkt dieser Unsicherheit ist ein Film über Indien, der Indiens Kultur und seine Menschen herabwürdigt.«

Mehta sprach tatsächlich oft darüber, wie schwer es ihr gefallen sei, sich das Scheitern ihrer Ehe einzugestehen. Das habe ihr bewußt gemacht, wie sehr sie dem indischen Denken auch nach Jahren im Ausland noch verhaftet sei. Doch bei ihren Leserinnen kam die massive Schelte nicht gut an: »So nicht«, schrieben wütende Frauen an Kishwar. Man möge über Mehta und ihre Filme denken, was man wolle, doch derart unfaire Untergriffe seien unangebracht. Es sei die Frage zu stellen, wer denn über Indien schreiben, Filme machen, kurz, sich äußern dürfe. Kishwar nähere sich bisweilen in ihren Tiraden gegen verwestlichte oder im Westen lebende Inder und die westliche akademische Welt dem Gedankengut des hinduistischen Fundamentalismus, dessen Verfechter nur ihre Version des »wahren Indiens« gelten lassen wollten.

Ihre Behauptung, »trotz mehr als zwei Jahrhunderten westlichen Einflusses und westlicher Indoktrinierung ist Indien noch nicht homophob geworden«, brachte die Lesbenbewegung zusätzlich gegen sie auf. Kishwar berief sich auf das Beispiel einer prominenten Politikerin, das sie anführt. Jayalalitha, ehemalige Filmschauspielerin und spätere Chefministerin des südlichen Bundesstaates Tamil Nadu, ist wegen des Umfangs ihrer Garderobe des öfteren mit der für ihre gigantische Schuhsammlung berühmt gewordenen Imelda Marcos, einstige First Lady der Philippinen, verglichen worden; sie wurde darüber hinaus zu einer Gefängnisstrafe wegen Korruption verurteilt; als stets renitente Partnerin hat sie die erste von der hindu-chauvinistischen Volkspartei (BJP) 1998 auf Bundesebene gebildete Koalitionsregierung zu Fall gebracht. Und Jayalalitha lebt seit Jahren, wie viele zu wissen glauben, in einer intimen Beziehung mit ihrer ständigen Begleiterin Sasikala. »Das hat nichts daran geändert, daß sie von ihren Parteikadern wie eine Göttin verehrt wird«, führt Kishwar an und fährt fort: »Obwohl sich Jayalalitha zu einer der tyrannischsten und korruptesten Politikerinnen Indiens entwickelt hat, haben nicht einmal ihre Gegner ihr Sexualleben zu einem Angriffsziel gemacht.« Ein Rikschafahrer wird mit der Aussage zitiert: »Uns ist es egal, mit wem sie im Bett herumliegt, solange es nicht ein goldenes Bett ist, das aus gestohlenen öffentlichen Geldern finanziert wurde.«

Ja, man könne die Worte des Rikschafahrers wohl als Toleranz für eine Lesbe deuten, erwidert eine Frau vom nordamerikanischen Netzwerk. Vielleicht aber bezeugten sie lediglich, »daß der Lebensstil der Reichen und Berühmten für die Armen in Indien völlig irrelevant ist«. In der Debatte, wie homophob denn das Land nun wirklich sei, melden sich dann genügend Stimmen, die auf die Notlage vieler Homosexueller hinweisen. Sie würden unter dem Druck der Familie Ehen eingehen, die sie nicht wollten. Frauen schreiben über Lesben, die »zur Verzweiflung und häufig zum Selbstmord getrieben wurden, von Frauen, die wegen ihrer sexuellen Präferenzen emotional und physisch mißbraucht wurden«.

Das einschlägige Gesetz, das »widernatürlichen Geschlechtsverkehr« unter Strafe stellt, stammt noch aus dem frühen 19. Jahrhundert, also der Zeit der britischen Kolonialherrschaft, und wurde im Geiste des viktorianischen England verfaßt. Keine Frau ist je wegen eines solchen Vergehens verurteilt worden, das Gesetz wird aber immer wieder als Instrument der Drohung und Einschüchterung benutzt. »In England ist das Gesetz längst abgeschafft«, erinnerte »Caleri«, die Kampagne für die Rechte von Lesben. Das unabhängige Indien aber hält an dem viktorianischen Relikt fest.

Selbstverständlich gibt es Freiräume, die besonders durch die in der indischen Gesellschaft noch stark ausgeprägte Trennung der Geschlechter entstehen. »Wenn eine Freundin zu mir zu Besuch kommt und ein paar Tage bleibt, finden die Nachbarn daran nichts Anrüchiges«, erzählt eine Lesbe, die allein lebt. Meldet sich aber ein männlicher Verwandter an, der dienstlich in die Stadt kommt und gerne bei ihr wohnen möchte, so muß sie die Nachbarn vorab informieren, um jeder Aufregung über ihren »unmoralischen Lebensstil« vorzubeugen. Besuche von Freundinnen sind also unproblematisch, sollte ein Vermieter dagegen herausfinden, daß zwei seiner Mieterinnen in lesbischer Liebe zusammenleben, droht die Kündigung. Dabei geht es den Aktivistinnen gerade nicht um geheimen Sex, sondern darum, »ein gemeinsames Leben führen zu können und es nicht verleugnen zu müssen«. Es geht um die Möglichkeit, eine freie Wahl treffen zu können. Kishwar hatte sie. Die an einer Universität in Neu Delhi lehrende Herausgeberin von *Manushi* dankt in einer vor kurzem erschienenen Aufsatzsammlung ihren Eltern dafür, sie so erzogen zu haben, daß »ich ein Leben in Freiheit als mein Geburtsrecht ansehen konnte«. Kishwar hatte auch die Freiheit, sich gegen eine Eheschließung zu entscheiden, »weil Familienleben, selbst in seiner angenehmen Variante, nicht das ist, was ich will«.

Als ein Plädoyer für das Recht jeder einzelnen Person, selbst über ihr Leben zu entscheiden, hat auch Deepa Mehta »Fire« verstanden wissen wollen. Die Tatsache, daß die beiden Protagonistinnen soweit kämen, selbst über ihr Leben zu bestimmen, sei für sie wichtiger gewesen, als deren konkrete Entscheidung, betonte die Regisseurin. »Wahlmöglichkeiten eröffnen«, das seien die entscheidenden Worte in ihrem Film, sagte sie in einem Interview mit der *Hindustan Times,* in dem sie auch erklärte: Würde sich ihre Tochter plötzlich als lesbisch outen, sie wäre zunächst einmal »vor den Kopf gestoßen«. »Aber ich würde versuchen, sie zu verstehen, sie nicht zu verurteilen und sie zu unterstützen.« Denn die Frage sei ja, ergänzte Mehta, wie man damit umgehe, wenn andere eine Wahl träfen, die man selbst nicht nur nie getroffen hätte, sondern die einen noch dazu schockiere.

»Come on, get real« (»kommt, bitte, nehmt doch die Realität zur Kenntnis«), mahnt eine der wenigen Lesben, die sich geoutet hat, alle Schockierten. Auch sie hat dank ihrer Herkunft aus einer wohlhabenden und liberalen Mittelstandsfamilie wählen können, nichts und niemand hätte sie daran gehindert, wegzugehen in den Westen. »Aber, come on, ich bin eine Inderin, und ich will nur hier leben. Noch dazu, wo es hier die schönsten Frauen gibt für eine ›Butch‹ wie mich«, sagt sie und ergänzt lachend: »›Butch‹ oder ›Femme‹? Acht zu eins.«

Zweifach unterdrückt

Muslimische Frauen versuchen, auf eigenen Beinen zu stehen

Mit 16 wurde Samira an den 30 Jahre alten Hasan verheiratet. Bis zur Hochzeit hatte sie Hasan weder gesehen, noch hatten ihre Eltern sie nach ihrer Meinung gefragt. »Als ich Hasan das erste Mal sah, war ich schockiert, er war soviel älter und hatte eine Glatze. Aber ich schwieg, weil ich dachte, ich müßte mein Los ertragen.« Mit ihrem Mann zog Samira nach Mumbai zu dessen Großfamilie. Die ersten drei, vier Jahre gingen ruhig vorbei, doch dann »begannen meine Verwandten, mich zu beschimpfen … Hasans Verhalten mir gegenüber verschlimmerte sich von Tag zu Tag. Er ließ sich keine Gelegenheit entgehen, mich zu schlagen. Ich wurde Mutter zweier Kinder, doch sein Verhalten änderte sich nicht … Dann, plötzlich, fand ich heraus, daß Hasan ein zweites Mal geheiratet hatte.« Immer häufiger kam es vor, daß Hasan Samira und die Kinder nach einem Streit aus dem Haus jagte. Wenn Samira um Haushaltsgeld bat, mußte sie mit neuen Schlägen rechnen. »Als ich eines Tages zum Arzt ging, um Medizin zu holen, folgte Hasan mir. Eine Frau, die bei der Arzneivergabe arbeitete, sah, wie er mich dort in der Praxis verprügelte, und gab mir die Adresse der Frauenorganisation ›Aawaz-E-Niswan‹.«

»Aawaz-E-Niswan« versuchte zu vermitteln

und lud Hasan zu einem Gespräch, in dem er sich nach vielen Ausflüchten – woher solle er denn das Geld für zwei Familien nehmen, wenn er doch eine kaum ernähren könne – schließlich bereiterklärte, für Samira und die Kinder zu sorgen. Einige Monate ging alles gut. Dann begannen die Schläge von neuem. Hasan wollte Samira endgültig loswerden. Eine Anwältin setzte das Bleiberecht durch. »Nun konnten sie mich nicht mehr aus dem Haus werfen. Also fanden sie andere Wege, mich zu quälen.« »Aawaz-E-Niswan« konnte Hasan schließlich dazu bewegen, für Samira und die Kinder eine eigene Wohnung zu suchen. Der Streit um die Alimente geht zwar bis heute weiter, doch Samira verdient nun selbst ein wenig Geld und hat bereits einen Teil ihrer Schulbildung nachgeholt. Sie will den Schulabschluß machen und dann als Lehrerin oder Sozialarbeiterin arbeiten. Und vor allem will sie Hasan beweisen, daß sie es alleine schafft, gut für die Kinder zu sorgen.

Samiras Erzählung ist eine von insgesamt zehn kurzen Lebensbeschreibungen, die in einem Heftchen mit dem Titel »Schritte nach vorne. Muslimische Frauen erzählen ihre Geschichten« erschienen sind. Die Musliminnen haben die Texte selbst verfaßt oder, wenn sie Analphabetinnen waren, Mitarbeiterinnen von »Aawaz-E-Niswan« diktiert. Sie wollen mit dieser neuen Publikation, die auf hindi und englisch erschienen ist, »die Ungerechtigkeit und Folter zeigen, denen Frauen ausgesetzt sind; die Gewalt, über die nie gesprochen wird, die aber immer und überall stattfindet. Mädchen erhalten keine Bildung und keine berufliche Qualifikation und somit nie die Fähigkeit, auf eigenen Beinen zu stehen ... Frauen werden allein gelassen in den Kämpfen des Lebens«, heißt es in der Einleitung der Publikation.

Früher, schreibt Samira, kannte sie nur ihr eigenes Unglück und Elend. Bei »Aawaz-E-Niswan« sei ihr bewußt geworden, wieviele Frauen ähnliche Probleme hätten, wieviele »mit ihren Lebensumständen ringen«, aber dabei trotzdem selbständig seien.

»Das ist gegen die Religion«, mit diesem Argument werden muslimische Frauen in der Regel mundtot gemacht. »Das ist gegen die Religion, sagt der Vater, sagt der Ehemann, sagt der Bruder, wenn die Frau ihre Rechte einmahnt«, beschreibt es Hazina Shah, eine Mitbegründerin der Ende der achtziger Jahre ins Leben gerufenen »Aawaz-E-Niswan«. »Das ist gegen die Religion«, konkret gegen den Islam und das islamische Recht, die *Sharia:* Wie oft hörten sie und ihre späteren Kolleginnen in den achtziger Jahren diesen Satz. »Das«, was angeblich gegen die Religion verstieß, war zum Beispiel die Forderung der 65jährigen Shah Bano nach Unterhaltszahlungen durch ihren Ex-Mann, der sich von ihr hatte scheiden lassen. Das höchste indische Gericht hatte der Frau den Unterhalt zuerkannt. Auch eine geschiedene Muslimin habe, so das Urteil, gemäß Paragraph 125 des Strafkodex ein Recht auf Unterhalt. Der Paragraph 125 geht auf die im Zuge der industriellen Revolution in England verabschiedeten Armengesetze zurück. Sie sollten zunächst Kinder davor schützen, von den

Eltern ausgesetzt zu werden. Nach der Zulassung von Scheidungen wurden sie auch als Schutz für armutsgefährdete Witwen und deren Kinder ausgelegt. Von einer feministischen Regelung könne also nicht die Rede sein, betont Indira Jaisingh, Anwältin am Obersten Gerichtshof. »In der feministischen Perspektive geht es um Rechte und Gleichstellung«, in Paragraph 125 um Hilfestellung für Bedürftige.

Unter konservativen und fundamentalistischen Muslimen des Subkontinents löste das Urteil, das im Fall Shah Bano 1985 gefällt wurde, einen Sturm der Entrüstung aus. Die göttliche *Sharia* sei in Gefahr, und jeder aufrechte Muslim dazu aufgerufen, sie zu verteidigen, gab die »Muslimische Familienrechtsbehörde« als Losung aus. In verschiedenen Teilen des Landes nahmen Hunderttausende an Protestkundgebungen teil. Konferenzen wurden abgehalten, in den Medien und in Expertenforen wurde heftig über den »wahren« Islam und ebenso leidenschaftlich über den seinem Selbstverständnis nach säkularen indischen Staat diskutiert.

Wenn dieser Staat wirklich säkular sein wolle, meldeten sich nun erneut zahlreiche Stimmen zu Wort, brauche er endlich ein einheitliches Familienrecht. Bis heute haben alle Religionsgemeinschaften in Indien, die große Mehrheit der Hindus ebenso wie die Muslime, die die größte Minderheit darstellen, die Christen, Sikhs oder Parsen, ihr eigenes Familienrecht. Die Idee eines einheitlichen Familienrechts war schon lange vor der Unabhängigkeit aufgekommen und von manchen Kreisen immer wieder aufs neue belebt worden. Doch in dieser Krisensituation kam die Forderung nach einem einheitlichen Familienrecht in den Augen radikaler Muslime einer Kriegserklärung gleich. »Es ist der Schlachtruf jener, die davon besessen sind, die religiöse Identität der muslimischen Gemeinde zu zerstören, diese Gemeinde kulturell auszulöschen und Indien eine einheitliche Paßform aufzuzwingen. In unserer Geschichte hat es immer den Druck zur Assimilation gegeben«, schrieb der in Delhi ansässige Muslimführer Syed Shahabuddin und ergänzte: »Wer ... diese historische und psychologische Realität nicht anerkennt, geht in die Falle des Hindu-Chauvinismus.«

Völlig aus der Luft gegriffen war seine Argumentation dabei keineswegs. Denn während die Verfechter eines wirklich säkularen Staates auch ein den Prinzipien des Säkularismus verpflichtetes einheitliches Familienrecht wollten und immer noch wollen, klang und klingt das aus dem Munde von Hindu-Chauvinisten ganz anders. Da wird die Forderung nach der Einheitlichkeit rasch zur Feststellung, daß die Mehrheit das Sagen haben müsse. Für chauvinistische Muslime, »die das Konterfei eines Höchstrichters und die Attrappe eines einheitlichen Familienrechts verbrennen«, meldete sich in Mumbai umgehend der Führer der radikalen Hindu-Partei »Shiv Sena«, Bal Thackeray, zu Wort, gebe es keinen Platz in Indien. »Hier geht es nicht um Religion, sondern um die Saat verräterischer Tendenzen. Könnten die Minderheiten in Pakistan eine derart anstößige Haltung einnehmen?« Thackeray ging es nicht um die Minderheiten im

Plural, sondern einzig und allein um die wenigen nach der Teilung des Subkontinents 1947 in Pakistan verbliebenen Hindus. Oder vielleicht dachte er nicht einmal an die. Vermutlich hielt er es für an der Zeit, die Muslime in Indien wieder an die Teilung des Subkontinents zu erinnern. Die Muslime hatte ihren eigenen Staat – Pakistan – gewollt, weil sie fürchteten, als Minderheit in einem mehrheitlich hinduistischen Subkontinent Bürger zweiter Klasse zu sein. Die Teilung hatte eine gewaltige Völkerwanderung ausgelöst, Hindus zogen Richtung Indien, Muslime nach Pakistan, zehn Millionen Menschen wurden zu Flüchtlingen, mehr als eine Million starb eines gewaltsamen Todes. Jenen Muslimen aber, die in Indien geblieben sind, bedeuten Hindus vom Schlage eines Bal Thackeray gerne: »Wenn es euch hier nicht paßt, könnt ihr ja gehen.« Im Zuge der Shah-Bano-Kontroverse hieß das dann: »Die, die unsere Verfassung und Gesetze nicht akzeptieren, sollen das Land verlassen und nach Karachi oder Lahore ziehen.«

Prominente Juristinnen wie Indira Jaisingh oder Ansuya Dutt wiesen darauf hin, daß es in der Frage eines einheitlichen Familienrechts nicht nur um den säkularen Charakter eines solchen Kodex gehe, sondern ganz vorrangig um die Gleichstellung der Frau. »Denn in allen derzeitigen Kodizes ist die Benachteiligung festgeschrieben. So gesehen gilt für die Frauen ja schon immer ein einheitliches Familienrecht – der Kodex der Diskriminierung und Entrechtung, und das unter einer Verfassung, die die Gleichheit der Geschlechter garantiert.« Dutt zeigte auf, wie leicht es aufgrund der divergierenden Rechtslage sei, einen Keil zwischen die Frauen verschiedener Religionen zu treiben. »Gäbe es einen einzigen Kodex, könnten die Frauen viel wirkungsvoller um Reformen kämpfen«, argumentierte sie.

1986 kam es infolge der Shah-Bano-Affäre tatsächlich zu einer Gesetzesänderung, allerdings keineswegs zugunsten der Frauen. Der damalige Premierminister Rajiv Gandhi gab dem Druck radikaler Muslime schließlich nach: In einem zynisch noch mit den Worten »Schutz der Scheidungsrechte« überschriebenen Gesetz wurde festgehalten, daß Musliminnen keine Unterhaltsforderungen mehr mit Berufung auf Paragraph 125 des Strafgesetzes einbringen können. »Aus politischer Berechnung« – die Muslime stellten eine wichtige Wählergruppe der damals von Gandhi geführten Kongreßpartei – »wurde Musliminnen ein in einem säkularen Gesetz verankertes Recht verwehrt«, erklärte Jaisingh.

Für Hazina Shah und einige andere Frauen in Mumbai war der Shah-Bano-Fall der Anlaß aktiv zu werden. »Wir mußten etwas tun, unseren kleinen Beitrag zur Verbesserung der Lage der Musliminnen leisten«, erzählt Shah in ihrem Büro im stark muslimisch geprägten Stadtteil Dongri. Natürlich gab es in der Umgebung einige Frauenorganisationen, die die Art von Unterstützung boten, wie sie später auch »Aawaz-E-Niswan« gewähren wollte: Beratung und Rechtshilfe bei Gewalt, Alphabetisierungskurse, Hilfestellung nach Scheidungen oder bei der Arbeitsuche. Doch die bereits existierenden Organisationen wurden ausschließlich von Hindus geleitet. »Das soll nicht heißen, daß die Mitglieder Chauvis waren. Ganz und gar nicht. Doch viele Musliminnen, die Hilfe brauchten, fragten sich sofort: ›Kann ich da auch hingehen?‹ Bei einer von Hindus geleiteten Gruppe müssen sie nicht nur den Schritt wagen, sich überhaupt an Fremde zu wenden, diese Fremden gehören noch dazu einer anderen Konfession an.« Hazina Shah ist selbst keine praktizierende Muslimin, aber »daß ich Muslimin bin, erkennt man an meinem Namen und an meinem Aussehen.« In Krisenzeiten, wenn die Spannungen zwischen den Religionsgruppen gerade wieder wachsen, ist das besonders wichtig. Wie nach den schweren Unruhen in Mumbai 1993, die auf die Zerstörung einer Moschee im nordindischen Ayodhya durch fanatische Hindus folgten.

Die elende Lage der muslimischen Frauen wurde ihr sehr früh bewußt, erzählt Shah, die aus der unteren Mittelklasse stammt. Auch wenn sie selbst das Glück hatte, zwölf Jahre Schule und dann noch ein College absolvieren zu dürfen, beobachtete sie rings um sich herum nichts als schlimmste Unterdrückung. Viele Frauen durften nicht einmal ihre Häuser verlassen, blieben für immer Analphabetinnen und lebten in vollkommener Ignoranz gegenüber einfachsten alltäglichen Abläufen. Zur Bank gehen und zum Bahnhof sind daher Fixpunkte im Programm von »Aawaz-E-Niswan«. Die Frauen sollen erfahren, wie man ein Konto eröffnet oder eine Fahrkarte besorgt, wie man Fahrpläne liest und dergleichen mehr. Vor allem aber sollen Frauen jeder Altersgruppe alphabetisiert werden. Die Kurse finden zumeist am Nachmittag statt, da können sich die Frauen am ehesten ein, zwei Stunden freimachen. »Wenn eine Frau eine Zeitlang kommt und dann plötzlich fernbleibt, gehen wir selbstverständlich zu ihr nach Hause, um nachzusehen, was passiert ist. Ob sie oder ein Kind krank ist, ob die Familie sich in Nöten befindet oder der Mann ihr vielleicht untersagt hat, weiter zu uns zu kommen, weil sie da nichts lerne außer zurückzureden«, schildert Shah. »Dabei haben wir alle – Muslime und Musliminnen – so viel aufzuholen. Wir sind als Gemeinde so rückständig und haben einen so weiten Weg vor uns.«

Genau dieses Thema kam auch 1985/86 im Zusammenhang mit der Shah-Bano-Kontroverse auf. Im ganzen Land forderten radikale Muslime *Sharia*-Gerichte. Liberale und linke muslimische Stimmen hielten dagegen, daß das Geld, das ein eigenes muslimisches Gerichtswesen kosten würde, in Schulen, Workshops und Ausbildungszentren zu investieren sei, da die Muslime bei Sozial- und Bildungsindikatoren schlechter abschnitten als andere Religionsgruppen. Und für Frauen sind die Indikatoren bekanntlich in jeder Gruppe noch schlechter als für die Männer.

Positive Entwicklungen können Hazina Shah und ihre Mitarbeiterinnen bei »Aawaz-E-Niswan« lediglich in den Lebenswegen einzelner Frauen feststellen. Insgesamt droht sich die Lage der Musliminnen ihrer Ansicht nach noch weiter zu verschlimmern. Dazu trägt ganz entscheidend die Radikalisierung der religiösen Fanatiker unter den Hindus und den Muslimen bei. Zum einen, sagt Shah, »sind wir Frauen gerade dann, wenn die Spannungen zwischen den Religionsgruppen anwachsen und auch Polizei wie Justiz stark für religiöse Vorurteile anfällig sind, noch viel mehr als sonst auf unsere religiöse Identität zurückgeworfen. Zugleich aber versuchen die orthodoxen Mitglieder unserer Gemeinden deren Identität intakt zu halten, indem sie noch mehr Kontrolle über das Leben der Frauen ausüben.«

»Der Kampf geht weiter«, überschreibt dann auch eine der von »Aawaz-E-Niswan« betreuten Frauen ihre Lebensgeschichte. Als Tochter einer armen Muslimfamilie hatte sie acht Jahre die Schule besuchen und dann das Schneiderhandwerk lernen dürfen, bevor sie im Alter von 17 Jahren verheiratet wurde. Liebe, erzählt sie, erfuhr sie von ihrem Mann nie. Gebraucht wurde sie, benutzt und ausgebeutet. Nach acht Jahren verstieß der Mann sie das erste Mal, schleppte sie einfach zur Polizei, beschimpfte sie dort als Hure, weil die beiden Kinder, eine Tochter und ein Sohn, ihm nicht ähnlich sähen, und ließ sie zurück. Er sei betrunken gewesen, erklärte er später und nahm die Frau wieder auf, für eine Weile. Als das dritte Kind, ein weiterer Sohn, fünfzehn Monate alt war, verstieß der Mann die Frau erneut. Prozesse in Sachen Scheidung und Alimente folgten, bis der Mann die Frau plötzlich wieder zurückholte – nur um sie noch mehr zu quälen. Er forderte DNA-Tests an seinen Kindern und erklärte sie, als sie seine Vaterschaft bestätigten, für gefälscht. Er schlug Frau und Kinder, verschwand immer wieder mit dem jüngsten Sohn und kehrte eines Tages mit einer zweiten Frau heim. Die erste Frau wollte sich das Scheitern ihrer Ehe auch jetzt noch nicht eingestehen. Der Mann mußt sie erst krankenhausreif schlagen, damit sie ihn verließ.

Mehrere Jahre sind seither vergangen, vier Prozesse hat die Frau gegen ihren Mann bisher gewonnen. Dank ihrer Schneiderinnenausbildung und mit Unterstützung von »Aawaz-E-Niwan« kann die Frau ihre drei Kinder allein durchbringen – bis zum Schulabschluß und auch noch danach, ist sie sich sicher. »Mein Mann hat sein möglichstes getan, um mich zu brechen. Es ist ihm nicht gelungen. Ich werde weiterkämpfen«, sagt sie. »Wie die vielen anderen Frauen, die in einer ähnlichen Lage sind wie ich.«

Eine Tochter Indiens

Die Ghandi-Dynastie geht in die fünfte Generation, doch der Sonia-Effekt entpuppt sich als Defekt

Nachdenklich und in sich gekehrt, sitzt Sonia Gandhi auf dem ersten Bild allein auf einem Stuhl, die Stühle rechts und links von ihr sind leer, und die anderen abgebildeten Personen haben ihr den Rücken zugewandt. Das zweite Foto zeigt Sonia gleich fünfmal – die Porträts überlappen sich. Die hinterste Sonia ist die größte, die vorderste die kleinste – die Sonia von heute. Die Titel der Bilder lauten: »Allein in der Menge« und »Sonia schrumpft«. Mit solchen Fotos und Bildcollagen illustrieren die indischen Medien jenes Thema, über das sie im Frühsommer 2000 unermüdlich berichten.

Wie anders war das alles noch vor zwei Jahren. »Ich habe nur eine Witwe«, erklärte der damalige Chef der Kongreßpartei, Sitaram Kesri. Für ihn galt: »Was immer Sonia sagt, ist Programm.« Sonia, Witwe des 1991 ermordeten früheren Premierministers Rajiv Gandhi, wurde zur großen, ja einzigen Hoffnung der Partei hochstilisiert. Nur mit ihr könne die Kongreßpartei, die das Land in die Unabhängigkeit führte und seither fast durchgehend Regierungspartei war, 1996 aber die Macht verlor, wieder die Führung übernehmen. Nur die Kongreßpartei, stimmte Sonia ein, könne diesem so großen, vielfältigen und komplexen Indien seine Einheit erhalten und ihm eine würdige Zukunft sichern. Sonia war im Wahlkampf. Nach Jahren politischer Abstinenz und einer sphynxhaften Rolle im Hintergrund ließ sie sich zur Jahreswende 1997/98 herab, für den Kongreß werbend durchs Land zu ziehen, nicht zu kandidieren – noch nicht. Zu einem Sieg konnte Sonia der Kongreßpartei 1998 zwar nicht verhelfen, ohne ihre Kampagne wäre das Ergebnis aber wohl noch schlechter gewesen, meinten die Parteigranden und kürten Sonia zur Chefin. Nur knappe anderthalb Jahre brauchte es, bis die 1998 von der hindu-chauvinistischen »Indischen Volkspartei« (BJP) gebildete Koalitionsregierung – auch dank Sonias Intrigen – scheiterte. Neuwahlen wurden ausgerufen. Diesmal war Sonia Kandidatin – und dann, nach der Wahl, wieder Oppositionsführerin. Der Griff der Kongreßpartei nach der Macht war erneut fehlgeschlagen. Heute wird längst nicht mehr nur hinter vorgehaltener Hand darüber diskutiert, ob sich denn der Sonia-Effekt, auf den die Partei so hoffnungsvoll setzte, nicht eher als »Defekt« entpuppt habe. Zuerst Sonia als Premierministerin, dann ihre Tochter Priyanka: Die Zukunft der Kongreßpartei als Regierungspartei erschien 1998 vielen Parteimitgliedern als gesichert. Mittlerweile heißt es: »Unter der Führung von Sonia gewinnen wir in den nächsten fünfzig Jahren keine Wahl.« Daß einer aus der Partei, dessen Wort etwas zählt, das laut zu sagen wagt und von den anderen nicht zum Schaffott geführt, sondern als couragiert gepriesen wird, verweist auf die harte Prüfung, die Sonia im Frühsommer 2000 bevorsteht.

Aber gehen wir die Bilder aus den Jahren 1998 bis heute durch. Wo ist denn die Frau, die das Volk mitreißen und die Partei zu ruhmreichen Siegen führen sollte? Hat Sonia je entspannt gewirkt? Schien sie sich je wohlzufühlen, wenn sie vor die Massen hintrat? Hat sie je den Eindruck erweckt, eine Politikerin aus Überzeugung zu sein, eine, der es Spaß macht, Tuchfühlung mit ihren Wählern aufzunehmen? Natürlich, sie hat sich schon immer wieder ein Lächeln abgerungen, aber eben abgerungen, so selbstverständlich und von alleine kam es nicht. Wie anders präsentierte sich da die 28jährige Tochter Priyanka, die der Mutter in der Kampagne 1999 kaum von der Seite wich. Wenn Priyanka lächelte, dann war das echt. Ihr Arm schwankte nicht steif und unsicher wie der von Sonia. Wenn sie winkte, dann wurde daraus ein lebendiger Gruß. Und wenn sie das Wort ergriff, dann sprach sie von Herzen. Kurze Reden waren es, aber in denen brachte sie es auf den Punkt, in denen empfahl sie den Wählern mit Schwung und Begeisterung ihre Mutter als die allerbeste Option.

Wen wundert es da, daß Beobachter in Priyanka verblüffende Ähnlichkeiten mit der ersten Mrs. G. ausgemacht haben wollten – Indira Gandhi, Tochter von Jawaharlal Nehru, des ersten indischen Premierministers nach der Unabhängigkeit 1947, spätere Regierungschefin und Mutter eines weiteren Premiers, Rajiv Gandhis. Auch der soll schon früh von seiner Tochter Priyanka gesagt haben, daß sie mit ihrer Willensstärke Indira gleiche. Aber hat Priyanka – der um zwei Jahre ältere Bruder Rahul hat noch nie

Interesse für eine politische Karriere anklingen lassen – überhaupt politische Ambitionen? Im Mai 2000 wurde bekannt, daß Priyanka schwanger ist. Im Herbst soll das erste Kind der nächsten Gandhi-Generation das Licht der Welt erblicken, auch wenn es mit Nachnamen Vadra heißen wird. Den Göttern sei es gedankt, die Dynastie sei gerettet, nun bestehe wieder die Chance, daß die Nachkommen der Nehrus und Gandhis das Land noch über Jahrhunderte hinweg regieren würden wie dereinst die Mogulenherrscher, konnten sich einige Beobachter eines gewissen Zynismus nicht enthalten.

Die Dynastie ist für Kritiker und Zyniker, Humoristen und Karikaturisten ein unerschöpfliches Thema, so auch anläßlich des Einstiegs Sonias in die Politik im Jahr 1997. Da animierte Sonias italienische Herkunft diverse Texter zu tiefsinnigen Reflexionen über »Spaghetti«, »Sole« und »Amore«. In ihrer »Antikolumne« in der Tageszeitung *Indian Express* ließ sich Shobha De über Indiens »unsägliches Glück« aus, schon bald aufs neue von einer Königin regiert zu werden. Endlich wieder Fremdherrschaft – »solange die Herrscher weiß und wohlhabend sind, sind wir gerne unterwürfig, schwach und ergeben«. Fünfzig Jahre nach dem Abzug der langjährigen britischen Kolonialherren würde nun Rom das Kommando übernehmen. Diese Anspielung auf Sonias Herkunft war noch nicht bösartig. Das würde wenig später dann die hindu-chauvinistische Indische Volkspartei (BJP) nachholen: Es sei eine Schande, daß sich in einem Land mit fast einer Milliarde Einwohnern kein »echter« Inder als Chef und Premierministerkandidat der immerhin ältesten politischen Partei finde. Sonia, geborene Maino, die Rajiv in England kennengelernt und 1968 geheiratet hatte, konnte, so oft sie wollte, sagen: »Ich bin eine Tochter Indiens.« Radikale Hindus forderten eine Verfassungsänderung, die es im Ausland geborenen Personen wie Sonia, die erst später die indische Staatsbürgerschaft erworben haben, unmöglich machen sollte, in die höchsten Staatsämter aufzusteigen. Humor und Zynismus wurden zusehends von einer Schlammschlacht in den Hintergrund gedrängt. Im Frühjahr 1999 schlossen sich plötzlich führende Mitglieder der Kongreßpartei dieser Argumentation an. Sonia legte kurzfristig den Parteivorsitz nieder, vom Kongreß spaltete sich – wieder einmal – eine Gruppe ab, dann kehrte Sonia zurück an die Spitze der Partei.

Aber gehört sie dort überhaupt hin? In die Politik strebte sie einst so wenig wie der ausgebildete Pilot Rajiv. Indira hatte dessen jüngeren Bruder Sanjay zum Nachfolger bestimmt. Doch Sanjay kam bei einem Unfall ums Leben, Rajiv mußte an seine Stelle treten. Schon damals soll Sonia wenn nicht eine Vorahnung, so doch ein ungutes Gefühl gehabt haben. 1984 wurde Indira Gandhi in einem Racheakt für ihre Politik gegenüber den Sikhs ermordet, sieben Jahre später fiel Rajiv einem Attentat zum Opfer, als dessen Drahtzieher die »Befreiungstiger von Tamil Eelam« (LTTE) gelten, die im Nordosten von Sri Lanka für einen eigenen Staat der Tamilen kämpfen. Auch dieser Anschlag gilt als Racheakt und zwar für die Entsendung einer indischen Truppe nach Sri Lanka Ende der achtziger Jahre. Verständlich, daß Sonia jahrelang noch zurückgezogener lebte als zuvor.

Doch heute ist sie Oppositionsführerin, da will die Rolle der Sphynx nicht mehr so recht passen. Angesagt wäre es vielmehr, sich und die Partei klar zu positionieren – endlich wieder. Wofür steht denn die Kongreßpartei heute? Für Sozialdemokratie oder den freien Markt? Und wen will sie ansprechen? Brahmanen, Muslime, Angehörige niedriger Kasten und *dalits* gehörten einst zu den Stammwählern. Nun sind sie längst abgewandert zur BJP sowie zu regionalen und kastenorientierten Parteien. Wie will Sonia sie zurückgewinnen? Will sie es überhaupt? Ambitionierte Oppositionschefs klingen anders. Selbst ein Kriegerturban auf dem Kopf und ein Säbel in der Hand vermögen Sonia keine martialische Entschlossenheit zu verleihen. Sonia ist distanziert geblieben, im Parlament wie in der Öffentlichkeit. Emotionen zeigt sie nicht, die löst sie nur aus – bei den anderen. Kommentatoren, »Think-Tank-Angehörige« und Politologen diverser Provenienz zerbrechen sich die Köpfe über Sonia: Sonia, die Person, und Sonia, die Rolle. Denn vielleicht, meinen einige, liegt die Misere weniger an der »Sphynx« als am Parteimechanismus. Und da schließt sich der Kreis von der jetzigen Chefin Mrs. G. zu jener der siebziger Jahre. Hat nicht Indira Gandhi die Strukturen der Kongreßpartei so zu schwächen begonnen, daß nur eine Führungspersönlichkeit, auf die sich alle einigen, das Gefüge noch zusammenhalten kann, fragt ein Experte: »So sehr man

Sonia in der Kongreßpartei auch hassen mag, noch mehr befürchtet man ein Vakuum an der Spitze.« Wenn nicht Sonia, wer dann? Unter wem wäre es denn besser? Das sind für viele die entscheidenden Fragen. Sonia ist für viele Experten nur das »Syndrom« einer zerrütteten Partei, die glaubt, sich an die Dynastie klammern zu müssen.

Wenn die Seele stirbt

Witwenverbrennung oder Selbstmord – der Fall der Charan Shah

In das Dorf Satpura führt keine gepflasterte Straße. Nur ein Feldweg verbindet den Ort mit der mehrere Kilometer entfernten Hauptstraße. Der Ort selbst besteht aus zwei Dutzend strohgedeckten Lehmhütten. Bewohnt wird er von *dalit*-Familien. Ein Stückchen Land besitzt jede von ihnen, doch es reicht nicht aus, um alle zu ernähren. Die meisten Bewohner müssen sich bei Großgrundbesitzern in der Umgebung als Tagelöhner verdingen, häufig gehen die Söhne auch nach Neu Delhi, um dort mit Gelegenheitsjobs etwas dazuzuverdienen.

In Satpura starb am Morgen des 11. November 1999 der 55jährige Man Shah an Tuberkulose. Noch am Vormittag wurde am Kremationsplatz unweit des Ortes ein Scheiterhaufen errichtet und der in eine weißes Tuch gehüllte Leichnam entzündet. Entgegen der Tradition, wonach zumindest eine Person beim Feuer zurückbleibt, gingen alle Männer zum Bach, um dort die rituelle Reinigung vorzunehmen. Sie hatten Sorge, sollten sie später erklären, daß das Feuer die TB-Bakterien verbreiten würde.

Man Shahs um wenige Jahre jüngere Witwe Charan hielt sich zu dieser Zeit mit einer Gruppe von Frauen in ihrem Haus auf. Die Frauen selbst waren, wie sie später erzählten, mit der nach einem Todesfall üblichen Reinigung des Hauses beschäftigt. Charan Shah hatte bereits einmal den Raum verlassen, also hegte niemand Verdacht, als sie ein weiteres Mal hinausging. Nach einigen Minuten fiel den Frauen auf, daß die Witwe nicht zurückgekommen war. Als einige von ihnen auf die Straße hinaustraten, konnten sie sehen, wie Charan Shah zum Kremationsplatz hastete. Sobald die Frauen ihr nacheilten, soll sie begonnen haben, schneller zu laufen. Ein Hirtenjunge verständigte etwa zur gleichen Zeit die Männer am Bach, die ihrerseits zum Scheiterhaufen rannten. Doch bei ihrer Ankunft hatte sich Charan Shah angeblich bereits ins Feuer gestürzt und ihr Körper hatte angefangen, lichterloh zu brennen.

Die Nachricht von der Wiwenverbrennung, der *sati,* verbreitete sich in Windeseile. Sofort strömten aus den umliegenden Dörfern Menschen herbei, um die *satimata* zu verehren. Gegen Abend traf dann die Polizei ein und riegelte den Ort ab, um zu verhindern, daß er zu einem neuen Pilgerzentrum wurde. Denn *sati* ist in Indien verboten. Das erste entsprechende Gesetz erließen zu Anfang des 19. Jahrhunderts die damaligen britischen Kolonialherren. Nach einem aufsehenerregenden Fall von *sati* in Rajasthan im Jahre 1987 wurde auf Druck von Aktivistinnen und Frauenorganisationen ein weiteres Gesetz erlassen, das den Versuch von *sati* sowie dessen aktive oder passive Unterstützung mit rigorosen Sanktionen bis hin zur Todesstrafe ahndet.

Aber handelte es sich in Satpura im nördlichen Bundesstaat Uttar Pradesh, einer ökonomisch extrem unterentwickelten Region, wirklich um *sati*? Bereits vier Tage nach dem Tod von Man und Charan Shah traf ein Team des »Gesamtindischen Demokratischen Frauenverbands« (AIDWA) vor Ort zu einer Untersuchung des Falles ein, und es kam zu einem überraschenden Ergebnis: Weder lag ein Fall von *sati* vor, noch hatten Angehörige der Familie Shah der Selbstverbrennung der Witwe in irgendeiner Weise Vorschub geleistet. »Charan Shah hat Selbstmord begangen, weil sie nicht ohne ihren Mann leben wollte«, schloß das AIDWA-Team in seinem Bericht. Gestützt wurde diese Behauptung dadurch, daß keiner der für *sati* erforderlichen Bräuche eingehalten worden war. So hatte die Witwe weder die Absicht, *sati* zu begehen, kundgetan, noch ihr Hochzeitskleid angezogen oder irgendeines der mit *sati* verbundenen Rituale durchgeführt. Das linke Wochenmagazin *Frontline* berichtete dagegen, daß zumindest einige Dorfbewohner behaupteten, Charan Shah habe sehr wohl den Wunsch geäußert, gemeinsam mit ihrem Mann zu sterben. Nach den Worten einiger Verwandter soll sie auch um neue Kleidung gebeten, diese aber nicht erhalten haben.

Eine Delegation der »Nationalen Frauenkommission« (NCW) kam wenige Tage später zu dem gleichen Schluß wie das Team der AIDWA. Zwölf Vertreterinnen verschiedener Frauengruppen, die sich wiederum einige Tage nach der NCW-Gruppe nach Satpura begaben, sahen die Ereignisse aber anders. Für die Bewohner des Ortes, so hielten sie in ihren Aufzeichnungen fest, hatte Charan Shah *sati* begangen. »Die Frauen, die ihr nachliefen, und die Männer, die vom Fluß her auf sie zuliefen, geben alle an, daß sie binnen Minuten am Kremationsplatz eintrafen. Aber keiner zog Charan Shah mehr aus dem Feuer heraus, keiner versuchte, sie zu retten. In ihren Augen war sie bereits *sati*.« »Die Symbolik dessen, was sie getan hat – sich auf dem Scheiterhaufen ihres Mannes zu verbrennen –, war und bleibt *sati*«, schreiben die Frauen und betonen: »Daß sie nicht ihr Hochzeitskleid trug und auch keines der für *sati* erforderlichen Rituale durchgeführt hatte, spielt da keine Rolle.«

Zugleich gehen die Beobachterinnen aber auch auf die Gespaltenheit der Bewohner von Satpura ein. Wenn es sich für sie symbolisch um einen Fall von *sati* handelte, so waren sie sich dennoch bewußt, daß *sati* vor dem Gesetz verboten ist, was durch die Gegenwart der Polizeitruppe, die den Ort nun abschirmte, noch unterstrichen wurde. Dieses Wissen um das Gesetz und die Präsenz der Sicherheitskräfte mußten nach Ansicht der recherchierenden Frauen jede Beweisaufnahme erschweren. Wer würde unter solchen Umständen je mit der Wahrheit herausrücken? Alle Bewohner hatten dementsprechend Gründe vorzubringen, warum sie den Tod der Witwe nicht verhindern hatten können. »Ob dieser Fall von *sati* geplant oder von anderen gar unterstützt worden ist, kann daher nicht festgestellt werden. Vielleicht wußten die Dorfbewohner im vorhinein, das die Witwe *sati* begehen wollte.«

In jedem Fall aber, das vermerkten die Abgesandten der Frauengruppen in Übereinstimmung mit dem AIDWA-Team, hätte ein Gutteil der Bewohner von Satpura den Bau eines *sati*-Tempels trotz des Verbots begrüßt, denn dann wären mit den Pilgern – eine *sati* soll, so der Glaube, Wünsche erfüllen können – auch reichlich Geldspenden gekommen, mit denen sich dann Geschäftslokale und eine richtige Straße hätten bauen lassen.

Die diversen Frauenteams waren die einzigen, die die Frage ansprachen, was denn nun – über das Verbot eines *sati*-Tempels hinaus – für Konsequenzen zu ziehen wären. Die AIDWA-Gruppe erklärte, daß nur eine soziale Reformbewegung bei gleichzeitiger ökonomischer Entwicklung der betroffenen Region »derart lähmenden Aberglauben« würde überwinden helfen. Doch wie bedürftig sind Satpura und die umliegenden Dörfer? Das AIDWA-Team sprach von einer »chronisch von Dürreperioden heimgesuchten, unterentwickelten Region, die von feudalen Grundbesitzern ausgebeutet wird und den Umtrieben verschiedener krimineller Banden ausgesetzt ist«. Die Vertreterinnen der Frauengruppen wiesen dagegen – auch im Widerspruch zu jenen Medienberichten, die das Elend in den schillerndsten Farben beschrieben hatten – darauf hin, daß Satpura immerhin über einen Brunnen, eine Handpumpe und eine Volksschule verfüge, das nächste Dorf, Imaliya, ebenfalls eine Schule und noch dazu zwei Gemischtwarenläden habe. Auch komme ein Gesundheitsbeamter in regelmäßigen Abständen in die Orte. Keine Frage, die Söhne Satpuras mußten sich anderswo als Tagelöhner verdingen, doch »das Dorf leidet nicht unter jener verheerenden Not, die als ein möglicher Grund dafür angeführt wurde, daß Charan Shah ihr Leben nicht mehr für lebenswert gehalten haben könnte.«

Schon was die Finanzlage der Landbesitzer in der Region betrifft, weiß Madhu Kishwar von *Manushi* anderes zu berichten. Selbst diese seien infolge der ausgedehnten Dürrezeiten »elendig arm«. Womit auch die von ihnen bezahlten Löhne nur Hungerlöhne seien. Kishwar, die über die Erkenntnisse der diversen Frauengruppen ausführlich berichtete, erinnert nochmals an die Todesursache von Man Shah und fügt hinzu, daß auch sein ältester Sohn Jahre zuvor an einer Lungenentzündung gestorben sei. In beiden Fällen hatte sich die Familie keine ärztliche Behandlung leisten können.

»Die Fackelträger der modernen Zivilisation« ergingen sich in Entsetzen über »Aberglauben«, »Obskurantismus« und »kulturelle Rückständigkeit«, wie er ihrer Meinung nach im Fall der Charan Shah zutage trete, schreibt Kishwar in *Manushi*. Sie würden nach der Polizei rufen, nach Verhaftungen und einem Gerichtsverfahren. »Warum«, fragt Kishwar provokant, »verlangt niemand die Festnahme und Verurteilung von Beamten im Gesundheitsministerium von Uttar Pradesh wegen krimineller Nachlässigkeit und Pflichtversäumnis, schließlich haben diese Beamten nie dafür gesorgt, daß Satpura ein ordentliches Gesundheitszentrum erhält?«

Nach dem Tod von Charan Shahs ältestem Sohn habe dessen Witwe den jüngsten der drei Shah-Brüder geheiratet und mit ihm eine neue

Familie gegründet. Das, betont Kishwar, belege doch, daß in dem Ort kein extrem repressiver Kodex für Witwen gelte. »Wenn eine junge Witwe nicht verstoßen oder zur Selbstverbrennung gezwungen wurde, wäre es weit hergeholt, anzunehmen, daß Charan Shahs Söhne ihre 55jährige (nach anderen Berichten 50jährige) Mutter zu einem so extremen Schritt zwangen«. Besonders, unterstreicht Kishwar, wenn – und das war auch in einem der Berichte der Frauenteams hervorgehoben worden – diese Mutter eine äußerst aktive und in der Familie geachtete Person war, die sich um die Enkelkinder kümmerte und während der durch Arbeitssuche bedingten Abwesenheiten der Männer die Position des Haushaltsvorstands innehatte.

Das Wochenmagazin *India Today* hatte in einer Geschichte über »die Verzweiflungstat einer gestörten Witwe in der zurückgebliebenen Bundelkhand-Region« mit dem Titel »Mittelalterlicher Wahnsinn« dagegen davon gesprochen, welche Schande es dort sei, Witwe zu sein, und wie stark zugleich *sati* verherrlicht werde. *India Today* berichtete auch darüber, daß selbst gebildete Personen in dieser Region *sati* als Bestandteil der Tradition verteidigten, während ein Lokalpolitiker die Polizei dazu aufgerufen habe, sich nicht in Glaubensfragen einzumischen und Gebete am Ort der Verbrennung zuzulassen, und zugleich die meisten seiner Kollegen in ihren Aussagen nur knapp vor der Verherrlichung von *sati* halt gemacht hätten.

Ganz im Geiste von *India Today* stand die Schlagzeile, mit der das Magazin *Outlook* auf seinen Bericht über den Fall hinwies: »Von der Tradition aufgezehrt: An der Schwelle eines modernen Milleniums folgt eine Frau einem uralten Ritual und verbrennt sich selbst«, hieß es da. In ihrem Kommentar versuchte die Journalistin, Autorin und Frauenforscherin Mrinal Pande, die Ereignisse von Satpura in das gesamte sozioökonomische Umfeld einzuordnen und auch auf die allgemeine Lage der Frauen in Indien einzugehen. Das Bild, das sie zeichnet, könnte düsterer kaum sein. Nichts ist da zu lesen von der Stärke der Charan Shah, die laut *Manushi* zumindest einen Teil ihrer Person ausgemacht haben soll. »Als junge Mädchen wurde uns gesagt, daß, anders als der Körper, die Seele niemals stirbt. Doch wir wissen, daß die Seele schon lange vor dem Körper sterben kann, wenn eine Person bis zum Äußersten gedrängt wird. Vielleicht ist es das, was vor Jahren mit Roop Kanwar passiert ist und nun mit Charan Shah. Sie waren tot, bevor der Scheiterhaufen entzündet wurde«, schreibt Pande.

Der Fall der Roop Kanwar, die 18jährig und nach weniger als einem Jahr Ehe auf dem Scheiterhaufen ihres Mannes verbrannt war, erschütterte Indien 1987. Im Gegensatz zu Charan Shah wurde Roop Kanwar, nachdem sie versucht hatte, davonzulaufen, allem Anschein nach mit Drogen vollgepumpt, in ihr Brautkleid gesteckt und auf den Scheiterhaufen ihres früh verstorbenen Gatten gelegt. »Unmittelbar nach der Verbrennung wurde der Platz ein beliebter Pilgerort«, schreibt die Aktivistin und Frauenforscherin Radha Kumar in ihrem Werk über die indischen Frauenbewegungen »The History of Doing« (»Die Geschichte des Handelns«). Roop Kanwars Schwiegervater, prominente Männer aus dem Ort Deorala, der beileibe nicht so arm wie Satpura ist, und Mitglieder einer neugebildeten »Organisation zur Verteidigung des religiös-ethischen Ideals von *sati*« gründeten laut Kumar einen Trust, der den Pilgerort mit äußerster Professionalität managte: Für Parkplätze und Verkehrswächter wurde ebenso gesorgt wie für Essenstände und alles andere, was noch für das Wohl der Pilger erforderlich war. Denn die brachten ja reichliche Gaben. Bis zu fünf Millionen Rupien (damals etwa siebenhunderttausend Mark) sollen es gewesen sein, »die trotz der Forderungen von Feministinnen und Sozialreformerinnen nicht konfisziert wurden«.

»Den Feministinnen wurde vorgeworfen, vom Markt geleitete Ideen der Gleichstellung der Geschlechter in einer nicht-materialistischen Gesellschaft einführen zu wollen, die die Selbstaufopferung zum Ideal erhoben hatte. Die Ereignisse (in Deorala) aber haben den grausamen Materialismus einer Gesellschaft enthüllt, die die Produktion eines ›Opfers‹ für den Profit zuläßt«, schreibt Kumar. Sie war nicht die einzige Feministin, die feststellen mußte, wie Bevölkerungsgruppen – in diesem Fall die hochkastigen *rajputen* –, die bereits im 19. Jahrhundert die Abschaffung von *sati* befürwortet hatten, hundert Jahre später diesen Brauch angesichts der aktuellen politischen Gegebenheiten wieder verteidigten. Die *rajputen,* die einst über kleine Staaten und Fürstentümer geherrscht hatten, büßten im Zuge der Unabhängigkeit und der Gründung des indischen Bundesstaates sowie nachfolgender Landreformen viel an Macht ein. Im Ringen um die Wahrung der eigenen Identität wurde nun auch *sati* neu aufgewertet: »Die Männer verteidigten die Hindu-Tradition auf dem Schlachtfeld, indem sie töteten und getötet wurden, die Frauen verteidigten sie zu Hause, indem sie sich töteten«, heißt es bei Kumar. Kritik an *sati* konnte so schnell als Angriff auf die *rajputen* ausgelegt werden, die in der Region eine einflußreiche Elite – und ein wichtiges Wählerpotential – darstellen. Kein Wunder also, daß eine Reihe politischer Parteien zur Beruhigung der *rajputen* Vertreter nach Deorala entsandten.

13 Jahre nach dem Fall Kanwar gibt es noch kein Urteil. Der Großteil der Personen – es sind mehrere Dutzend –, die damals wegen des Verdachts auf Mord oder Glorifizierung von *sati* verhaftet wurden, ist längst freigesprochen. Einige sind gegen Kaution auf freiem Fuß, mehrere sind untergetaucht. »Bis heute wissen wir nicht, ob Roop Kanwar freiwillig in den Tod gegangen ist oder ob sie dazu gezwungen wurde«, stellt eine ernüchterte Madhu Kishwar fest.

Auch bei Charan Shah wird wohl nie definitiv zu klären sein, was an jenem 11. November 1999 wirklich passiert ist. Selbstmord oder *sati*. Geht dieses »semantische Tauziehen« nicht völlig am wirklichen Thema vorbei, fragte *Frontline*. Nur wenn die grundlegenden Probleme, die der Status der Frau mit sich bringt, gelöst werden, wie ihre Diskriminierung beim Zugang zu Gesundheitsfürsorge, Bildung, Arbeit oder Erbe, werden ihr Wert in der Gesellschaft und ihr Selbstwertgefühl sich so verbessern, schrieb *Frontline,* »daß sie sich nicht mehr zu einem Akt der Selbstzerstörung veranlaßt sieht wie Charan Shah«. »Wenn wir von der Geschichte der Frauenemanzipation im freien Indien sprechen, von verfassungsmäßigen Rechten und ›Empowerment‹, dann ist es nicht die Geschichte von Frauen wie Charan Shah, die wir im Sinn haben. Frauen wie sie haben keinen sichtbaren Anteil gehabt an unserer Demokratie. Von uns allen ausgestoßen, wenden sich Charan Shah und ihre Gemeinde den tödlichen heroischen Mythen früherer Zeiten zu«, schrieb die Frauenforscherin Pande und ergänzte: Für die Menschen in Satpura »erscheinen ihre Geister und die Aura der Charan Shah als größere Segnung« und stehen damit für sie über der Institution des Staates. Ein Urteil zu sprechen sei da schwierig: »Ein Fall wie der von Charan Shah muß uns alle beschämen.«

Eine Million Politikerinnen

Die beta-Brigaden machen mobil

Shanti Jegan wurde bedrängt: Sie möge sich doch auf ihre Sozialarbeit beschränken und die Hände von der Politik lassen. Shanti Jegan wurde Geld geboten: Zwei Lakh – zweihunderttausend Rupien – versprach ihr der Mann, der mehr als zwei Jahrzehnte lang wie ein Feudalherrscher das Dorf regiert hatte. Und sie wurde bedroht. Shanti – die wenigsten verwenden hier in Pallavalla im südlichen Bundesstaat Tamil Nadu ihren Nachnamen – blieb hart und kann, vier Jahre nach ihrer Wahl zur Vorsteherin des 3700 Einwohner zählenden Dorfverbandes, beachtliche Erfolge vorweisen: Ein großer Wassertank zur Trinkwasserversorgung sowie eine neue Straße wurden gebaut, die Straßenbeleuchtung realisiert, eine Bibliothek und vier öffentliche Fernsehräume wurden eingerichtet; Kinderkrippe, Schule, Stromversorgung und Postamt funktionieren. Und wer Aufzeichnungen einfordert über die Aktivitäten der Dorfverwaltung, findet jetzt gut geführte Bücher vor.

Shanti ist *dalit*. Und für *dalits*, aber auch für Angehörige niederer Kasten in der Region gilt sie als das große Beispiel dafür, was möglich sein kann. Nicht muß. Anderen *dalits*, die über die Ende der achtziger Jahre vom damaligen indischen Premierminister Rajiv Gandhi initiierte und Ende 1992 in einem Verfassungszusatz verankerte neue Frauenquote von 33 Prozent für die *panchayats* (Dorf- und Gemeinderäte) in die Politik kamen, erging es nicht so gut. Da bestanden die Vertreter der oberen Kasten darauf, die Sitzungen in einem ihrer Häuser abzuhalten – und untersagten den ins *panchayat* gewählten *dalit*-Frauen kurzerhand den Zutritt. Da wurde die *dalit*-Dorfvorsteherin einfach abgesetzt, weil die oberen Kasten ihre Politik nicht goutierten und die Frau weder auf Druck noch auf Drohungen hin weichen wollte. Doch nicht nur für *dalits*, auch für viele andere Frauen, gleich welcher Kaste sie angehörten, war es bisweilen ein Kampf, sich in ihren neuen Funktionen als Dorfvorsteherinnen oder Mitglieder von Gemeinderäten Gehör zu verschaffen und mit ihren Anliegen durchzukommen.

Natürlich hat es, wie die Gegner und Gegnerinnen der Quote stets ins Treffen führten und weiterhin führen, auch Fälle gegeben, in denen Männer ihre Ehefrauen oder Töchter nur als Kandidatinnen aufstellten, um sie dann nach der Wahl zu lenken. Doch wieviele Männer, von den Dorfräten bis hin zu den Abgeordneten im Bundesparlament, kamen lediglich aufgrund ihrer Familienzugehörigkeit in die Politik, als Söhne und Schwiegersöhne, Brüder und Neffen, Onkel und Enkel, schossen da die Verfechterinnen der Quote zurück. Sie wußten gleich auch Beispiele, für die mangelnde Kompetenz so mancher *betas* (Söhne, wie die männlichen Anverwandten kollektiv bezeichnet werden) anzuführen – gerichtet an die Adresse jener, die an der grundsätzlichen Befähigung der Frauen für die Politik zweifelten.

Wenn die *beta*-Brigaden fixer Teil der indischen Politik seien, dann spreche wohl auch nichts gegen die *betis* (Töchter).

Der Großteil der Frauen, die dank der *panchayat*-Quote in die Politik gekommen sind, hat sich nach Angaben von Frauenorganisationen und Feministinnen freilich mehr als bewährt. Kompetent, entschlossen, kampf- und einsatzbereit, informiert und eloquent sollen sie sein. Alle Studien belegen, daß die von männlichen Angehörigen gelenkten *betis* in der Minderheit sind, sagt Janaki Nair, Entwicklungsökonomin und Autorin zahlreicher Publikationen zu Wirtschaft, Recht und Politik in Indien. »Viele Frauen, die über die Männer in die Politik kommen, lösen sich dann ja auch aus der Bevormundung. Die Dorfpolitikerinnen, die unabhängig handeln, sind jedenfalls in der Überzahl.« Für Nair ist das Allerwichtigste, daß die Frauen überhaupt in die Politik eintreten und zumindest auf der Dorfebene langsam zu einer kritischen Masse werden.

Wo sollen wir denn die Frauen herkriegen, hatten die Skeptiker vor der Einführung der Quote gerne sorgenvoll gefragt. Gemeint hatten sie wohl eher, wenn die Frauen plötzlich in die Lokalpolitik gehen, »wer macht dann die *chapatis* (Brotfladen)«, wie der Titel einer Studie über die *panchayat*-Quote im Bundesstaat Maharashtra lautete. Die konnte über einen Fall berichten, in dem nach einem ungewöhnlichen Rollentausch eben der Gatte zum Hausmann wurde. Der lernte plötzlich kochen, Kinder zu baden und zur Schule zu bringen und dergleichen mehr, während die Frau auf Versammlungen ging und sich um das Fortkommen des Dorfes kümmerte. Ein Ausnahmefall, kein Zweifel. Und später trat der Mann, der sich von seinen Geschlechtsgenossen nicht länger als »der Mann der Dorfvorsteherin« hänseln lassen wollte, Haushaltsführung und Kinderfürsorge auch wieder an die Frau ab. In den meisten Fällen blieb den angehenden Politikerinnen von Anfang an gar keine andere Wahl, als die Doppelrolle und Doppelbelastung zu akzeptieren. »Aber die Frauen sind gekommen, sie sind da, sie fühlen sich wohl, sie haben ihre Fähigkeiten unter Beweis gestellt. Sie sind brillant, sie agieren taktisch und strategisch klug. Mindestens zwei von drei haben sich bewährt«, gerät Nair ins Schwärmen und fordert, daß nun endlich die Leistungen dieser Frauen gebührend gewürdigt werden. »Sie hätten so viel Wissen und Erfahrung weiterzugeben. Sie könnten so viele Vorschläge unterbreiten, welche Art von Verwaltungsreformen angezeigt wären. Sie sollten berufen werden in Komitees, die Wahlreformen ausarbeiten. Doch dort reden nur Anwältinnen mit und Frauen aus den Städten. Ja, nicht einmal ›Politikerinnen‹ werden die Frauen in den *panchayats* zumeist genannt. Man spricht von gewählten ›Dorf- und Gemeinderätinnen‹ statt von ›Politikerinnen‹. Aber das sind sie: Eine Million Politikerinnen landesweit, diese Zahl muß man sich einmal vor Augen halten.«

Eine Million, zu der auch Shanti Jegan gehört. Wer sie heute bei ihrer Arbeit beobachtet, kann sich schwer vorstellen, daß sie noch vor wenigen Jahren eine Frau war, die sich wenig zutraute. Dabei war sie in gewisser Hinsicht schon damals privilegiert, hatte sie doch im Gegensatz zur großen Zahl jener *dalit*-Frauen, die bis heute Analphabetinnen geblieben sind, mehrere Jahre lang die Schule besucht. Aber in der Öffentlichkeit reden, gar einen Wahlkampf führen? Hätte es in ihrem Bezirk nicht eine *dalit*-Organisation gegeben, würde Shanti sich jetzt vielleicht irgendwo in der Landwirtschaft oder auf dem Bau als Tagelöhnerin verdingen. Doch diese von Männern begründete, aber von Anfang an für Frauen offene Gruppe sah in der Frauenquote eine große Chance und war entschlossen, Frauen jene Ausbildung und Unterstützung zukommen zu lassen, die sie für eine politische Funktion benötigten. »Kandidiere doch«, bat auch Shantis eigener Mann. Und sie kandidierte. Als Unabhängige gegen drei von politischen Parteien aufgestellte Frauen. »Sobald ich einmal voll in der Kampagne war, wußte ich, der Sieg ist mir nicht zu nehmen«, sagt sie heute selbstbewußt. »Ich hatte ja ein ernstzunehmendes Programm« – das die Platzhirsche dann, selbstverständlich nach allen Regeln der Kunst, zu blockieren versuchten. Einige Dorfräte fanden sich immer, die sich von den dominanten Kasten beeinflussen ließen und mißliebige Entscheidungen verhinderten. Aber da gibt es ja neben dem Dorfrat auch die in größeren Abständen einberufene Versammlung aller Dorfbewohner. »Da ist ein Votum oft leichter durchzubekommen, da sind Leute wie ich in der Mehrheit«, erzählt Shanti. »Listig mußt du sein und hart im Nehmen, sonst kommst du nicht weiter«, erklärt sie mit einem feurigen Augenzwinkern.

Solche Politikerinnen bräuchte es in großer Zahl auch im *lok sabha* (Bundesparlament) und den Regionalen Volksvertretungen, lassen Frauengruppen seit Jahren verlauten und fordern auch für die höheren Ebenen die 33,3-Prozent-Quote. Andernfalls werde sich dort nie etwas an der niedrigen Präsenz von Frauen ändern. Unter zehn Prozent ist der Anteil an weiblichen Abgeordneten stets geblieben, im Durchschnitt lag er in den letzten vierzig Jahre im *lok sabha* bei knapp unter sechs, in den Regionalparlamenten nur bei 4,1 Prozent. Auch im *rajya sabha* (Oberhaus) in Neu Delhi sitzen derzeit lediglich um die sechs Prozent Frauen. Zugesagt wurde die Quote immer wieder. Die meisten Parteien haben sie in den letzten Jahren in ihre Wahlprogramme aufgenommen. Im Dezember 1999 wurde die Quote als Verfassungszusatz auch im Parlament eingebracht. Doch im Erfinden von Gegenargumenten und Bedenken seien die Abgeordneten so kreativ wie selten, merkte eine Feministin an. Eine allgemeine Quote reiche nicht aus, mit diesem Einwurf meldeten sich plötzlich Vertreter niedrigerer Kasten zu Wort und mahnten Kastenquoten innerhalb der Frauenquote ein. Mit Studien versuchten Gegnerinnen dieser Subquoten zu belegen, daß die Erfahrungen auf der Dorf- und Gemeindeebene keinen Anhaltspunkt für eine Dominanz von Frauen aus hohen Kasten böten. Quer durch Kasten und Klassen seien dort die Frauen in die Politik gekommen, mit einer klaren Mehrheit jener aus den ärmsten und unterprivilegiertesten Bevölkerungsgruppen – *dalits, adivasis* sowie solche, die knapp an oder unter der Armutsgrenze lebten. Doch die Vermutung lag nahe, daß es vielen in erster Linie um eine weitere Verzögerung der Quoteneinführung auf Regional- und Bundesebene ging.

Die Kontroverse nahm schließlich eine ganz andere, völlig neue Wendung. Vertreterinnen von Frauengruppen und der Zivilgesellschaft verwarfen den derzeit vorliegenden Gesetzentwurf zur Gänze und verfaßten einen alternativen Text. Denn ihrer Ansicht nach birgt die 33,3-Prozent-Quote, wie sie jetzt geplant ist, beträchtliche demokratiepolitische Probleme. Ein Drittel aller Sitze würde den Frauen durch das Los und jeweils nur für eine Legislaturperiode zugeteilt werden. Vor dem nächsten Urnengang würde ein anderes Drittel, wiederum durch das Los, bestimmt, bei einer weiteren Wahl würde dann das letzte Drittel der Sitze an die Frauen gehen. Gegen dieses Rotationsprinzip sprachen sich Frauengruppen und Mitglieder der Gesellschaft aus und legten ihrerseits einen Neuentwurf vor. Demgemäß sollen die Parteien nun unter Androhung von Sanktionen dazu veranlaßt werden, bei jeder Wahl unter ihren Kandidaten mindestens ein Drittel Frauen aufzustellen, wobei sichergestellt werden muß, daß die Frauen nicht nur für die ohnedies aussichtslosen Mandate ins Rennen geschickt werden. Würden die Frauen da eine Chance haben? Und wie, sagen die Verfechterinnen des Alternativplans. So wenige weibliche Kandidaten es auf Regional- und Bundesebene bisher gibt: Bei den wenigen liegt, wie Untersuchungen belegen, die Erfolgsrate zumeist deutlich höher als bei ihren männlichen Mitbewerbern.

Der Alternativentwurf liegt seit einiger Zeit auf dem Tisch, einige Feministinnen sammeln nun Unterschriften, während andere nicht müde werden, die Erfolge der Quote auf der *panchayat*-Ebene hervorzukehren. »Früher war ich für alle nur die Frau meines Mannes«, zitiert eine Studie des »Centre for Women's Development Studies« in Neu Delhi eine Dorfvorsteherin aus dem nördlichen Bundesstaat Uttar Pradesh. »Heute kennen mich alle unter meinem eigenen Namen.« Ob es um einen neuen Brunnen geht oder um einen Kanal, sie wird nach Rat gefragt. Dorfbewohner bitten sie, sich doch zu ihnen zu setzen und diverse Anliegen mit ihnen zu besprechen. Die Frau hat sich, wie Shanti Jegan im Süden und so viele der eine Million Dorf- und Gemeindepolitikerinnen, Respekt verschaffen können. Früher, bringt es die Studie auf den Punkt, hatten diese Frauen nur eine Identität als Töchter, Ehefrauen und Schwiegertöchter. Heute haben sie ihre eigene Identität als selbständige Personen. Und das ist ein großer Schritt. Manche sprechen gar von einer »stillen Revolution«.

Es begann in der Garage

Eine machtvolle Göttin als Namensgeberin für einen feministischen Verlag

Sie ist die Schwarze oder Dunkelblaue, behängt mit Ketten aus Schädeln. Tempel sind ihr gewidmet, Opfer werden ihr gebracht. Sie ist Kali, eine Erscheinungsform der indischen Göttin Devi. Sie hat furchterregende Seiten, sie ist eine strafende, rächende Göttin. Doch sie hat auch andere Aspekte, die in der Regel weniger betont werden, für Frauen aber sehr bedeutsam sind: »Als eine der wenigen Göttinnen im Hindu-Pantheon hat Kali keinen männlichen Partner an ihrer Seite, sondern tritt als unabhängige Göttin auf. Sie symbolisiert Macht, sie zerstört die Ignoranz, um eine neue Welt erstehen zu lassen«, sagt Urvashi Butalia, gemeinsam mit Ritu Menon Begründerin und Leiterin des feministischen Verlags Kali for Women. »Feminismus als Prozeß, in dem den Frauen ihre Stimme wiedergegeben und ihre Geschichte erweckt wird, ist auch ein Weg der Neu- und Uminterpretation. Aus all diesen Gründen sind wir zum Namen Kali gekommen und dabeigeblieben«, erzählt Butalia und ergänzt, daß es Menons Idee war, das »for women« hinzuzufügen. Kali allein fand sie zu aggressiv. Ins neue Logo mit den drei Augen fügten sich die drei Worte noch dazu besser als es Kali allein getan hätte.

1984, im Entstehungsjahr des ersten feministischen Verlags in Indien, war es auch noch kein Problem, einen Hindu-Namen zu tragen. Die hindu-chauvinistische Indische Volkspartei (BJP) hielt bei zwei Mandaten im 545 Sitze umfassenden Parlament. Der rapide Verfall der Kongreßpartei, die das Land in die Unabhängigkeit von den Briten geführt und seither fast ununterbrochen regiert hatte, war so wenig abzusehen wie der Aufstieg der BJP zur Regierungspartei und die parallel dazu stattfindende Verbreitung der *hindutva*-Ideologie, die den Subkontinent zur Heimat der Hindus erklärt und Angehörige anderer Religionen lediglich dulden will, solange sie wissen, wo ihr Platz ist. Würde der Verlag heute gegründet, trüge er einen anderen Namen, einen durch und durch säkularen. Nur welchen? Welcher Begriff erweckt in einem so riesigen Land wie Indien allerorts vergleichbare Assoziationen? Kali, das steht für Macht. Welcher säkulare Name würde das ebenfalls so allgemein verständlich tun?

Es sind Spekulationen, eine Namensänderung steht heute, 16 Jahre nach Gründung des Verlags, nicht zur Debatte. Wer ihn kennt, denkt bei Kali längst an feministische Publikationen und nicht an eine Hindu-Gottheit.

An die 150 Publikationen sind bisher erschienen, das macht etwa zwölf pro Jahr, und das ist mehr, als Butalia und Menon je zu hoffen wagten. Ja, was hatten sie sich eigentlich erwartet? So genau können sie das heute nicht mehr sagen. Sie wollten ihren eigenen Verlag. Sie wollten es wagen. »Urvashi«, meint Menon, »ist gut für kühne Ideen. Ich bin eher vorsichtiger, war aber bereit, mit ihr das Risiko einzugehen.« »Bin ich kühn?« erwidert Butalia, »oder vielleicht eher ein wenig verrückt?«

Einig sind sich die beiden, daß der Zeitpunkt für die Herausgabe feministischer Publikationen günstig war. Seit den siebziger Jahren entwickelte sich eine neue und sehr lebendige Frauenbewegung. 1975 hatten die Vereinten Nationen das Jahrzehnt der Frauen ausgerufen, und aus diesem Anlaß hatte auch die indische Regierung eine bahnbrechende Studie mit dem Titel »Towards Equality« über die Lage der Inderinnen in Auftrag gegeben. Sie sollte die Grundlage für eine Reihe weiterer Forschungsprojekte vor allem in den Bereichen Armut und Bildung schaffen. Dennoch hatten Butalia und Menon, die damals beide Erfahrungen im Verlagswesen vorweisen konnten, den Eindruck, daß die »Mainstream«-Publikationen so vieles ignorierten, was für die Frauen in der Bewegung wichtig war. Da gab es Großkundgebungen gegen Vergewaltigungen und Mitgiftmorde. »Untereinander diskutierten wir darüber, warum die Institution der Mitgift derartig degeneriert war und zu dem führte, was wir nun erleben mußten. Doch es gab keine Bücher zum Thema, nichts, das uns weitergeholfen hätte«, erzählt Butalia, die lange von einer eigenen kleinen Druckerei geträumt hatte, wo sie Pamphlete und radikale Publikationen von Menschenrechts-, Frauen- und sonstigen Aktivistinnengruppen hätte drucken wollen.

Aus dem Traum von der Druckerei wurde Kali for Women. Keine der beiden Frauen konnte damals mit Sicherheit sagen, ob das Unternehmen überlebensfähig sein würde. Auch aus der

Branche kamen skeptische Bemerkungen. So ein enges Feld wie feministische Studien wollten sie betreuen? Woher sollten denn die Autoren kommen? Und woher die Leserschaft? Ganz abgesehen vom Geld. Butalia und Menon hatten bis dahin als Verlagsangestellte ein regelmäßiges Einkommen bezogen, doch auf große Reserven konnten sie sich nicht stützen. Also begann alles in der Garage der Menons. Ritus Ehemann, ein Architekt, gestaltete diese Garage in ein Büro um, Miete fiel damit keine an, und die Telefongebühren gingen auf Kosten des Hauses. Für die ersten zwei Bücher konnten sich die beiden Förderungen sichern, daneben übernahmen sie redaktionelle Aufgaben, die von Regierungsstellen oder anderen Institutionen ausgelagert wurden. Inzwischen ist Kali längst in ein eigenes, im Stadtteil Hauz Khas gelegenes Büro umgezogen und beschäftigt insgesamt sechs Personen.

Die meisten Publikationen, vor allem im Sachbuchbereich, geben Menon und Butalia selbst in Auftrag. Die Themen ergeben sich dabei oft aus aktuellen Anlässen, wie etwa bei der im Zusammenhang mit dem Vormarsch der Hindu-Chauvinisten entstandenen Aufsatzsammlung »Frauen und die Hindu-Rechte«. Frauen und Religion, Frauen und Recht, Gender in der indischen Kunst, die Geschichte der indischen Frauenbewegungen seit dem 19. Jahrhundert, Geschlecht und Identität, Lokale Feminismen – das sind einige der Themen bei Kali. Daneben wächst die Zahl der Veröffentlichungen aus dem Bereich der Belletristik.

Die Bücher erscheinen ausnahmslos in englisch. So sehr Menon und Butalia es auch bedauern, in Hindi zu publizieren hat sich als unmöglich erwiesen. Zu unterschiedlich sind Preisgestaltung und Vertriebssysteme in den diversen – insgesamt 22 – Sprachgebieten des Subkontinents. Das bedeutet einerseits, daß die wissenschaftlichen Publikationen nur von einer bestimmten Elite gelesen werden können. Doch, gibt Menon zu bedenken, die meisten Autorinnen sind ja auch Aktivistinnen, die ihr theoretisches Wissen mit in ihre praktische Tätigkeit nehmen. Daneben gibt Kali auch dünne Heftchen heraus, die Grundsätzliches zu Patriarchat, Gender, dem weiblichen Körper, der Gesundheit von Frauen und ähnlichem enthalten. Diese Broschüren werden dann von interessierten Frauengruppen in eine Reihe indischer Sprachen übersetzt und in der Gruppenarbeit verwendet. »Damit wird die Information weit über den des Englischen kundigen Leserinnenkreis hinausgetragen«, versichert Menon.

Auch sie und Butalia selbst haben zuletzt Bücher veröffentlicht, in denen sie die den Frauen spezifischen Erfahrungen während der Teilung des Subkontinents in die beiden neuen und unabhängigen Staaten Indien und Pakistan im Jahre 1947 aufarbeiteten. Bis zu einer Million Menschen kamen damals gewaltsam ums Leben, die Frauen wurden vergewaltigt und geschändet.

Selbst zu schreiben, hatten die beiden zunächst gar nicht im Sinn gehabt. Aber eines ergab das andere: erst Kommentare in Zeitungen und schließlich, aus Anlaß der ersten fünfzig Jahre der Unabhängigkeit, eben die beiden Bücher: »The other Side of Silence« und »Borders and Boundaries«.

Hauptberuflich wollen beide freilich Verlegerinnen bleiben, es ist, wie sie übereinstimmend feststellen, mehr als nur ein Job, es ist eine Lebensaufgabe, in der sie gerade auch von den Lesern immer wieder ermutigt werden. »Natürlich fragt man sich bisweilen, was man denn als kleines Unternehmen so bewirken kann«, sagt Butalia. »Aber dann hören wir immer wieder von Buchhandlungen, daß Kunden ganz konkret fragen, ob es ein neues Buch von Kali gibt. Kali ist wichtiger als der jeweilige Titel«, erklärt Butalia stolz und deutet weitere Projekte an: Kinderbücher, Bilderbücher, Material für funktionale Alphabetisierungskurse für Erwachsene, eine Kali-Designabteilung ...

Wenn Kali sich bisher so gut geschlagen hat, meint Butalia, warum sollten sich nicht auch andere Projekte umsetzen lassen. An Ideen mangelt es jedenfalls nicht, wie immer man sie nennen mag. Kühn? Oder doch eher verrückt?

Kampf den Piraten

Die Kunst der Umarmung stand am Beginn des Kampfes gegen die Ausbeutung der Natur

Die Inderinnen sind für Vandana Shiva »die stärksten Frauen der Welt«: »Schauen Sie sich doch um, wie diese Frauen einen Schlag um den anderen erleiden und dennoch nie ihre menschliche Würde verlieren. Das ist für mich Stärke«, sagt Shiva und fügt gleich noch den zweiten, für sie ganz essentiellen Aspekt hinzu. Die Inderinnen sind ihrer Überzeugung nach nicht nur den indischen Männern, sondern auch den Frauen im Westen voraus. Letztere »haben zwar viel für die Befreiung der Frauen im Sinne individueller Rechte und Entscheidungsmöglichkeiten getan. Doch die Inderinnen haben gesamtgesellschaftliche Prioritäten aufgezeigt. Die Frauen in der *chipko*-Bewegung haben nicht um ihre persönlichen Anliegen gekämpft. Sie haben offengelegt, was hier in der Gesellschaft vor sich geht, wie diese mit ihren natürlichen Ressourcen umgeht, wie sie ihre Wasserquellen und Wälder behandelt. Es ging um die Grundlagen des Überlebens, und die Frauen haben diese zugleich zu einer Gender-Frage gemacht.«

Indien Anfang der siebziger Jahre. In einem Dorf am Fuße des Himalaya im nordindischen Bundesstaat Uttar Pradesh versuchen die Bewohner, mit den Vertretern einer Holzfirma zu verhandeln, die gekommen sind, um Bäume zu fällen. Als das zu nichts führt, klammern sich die Frauen spontan an die Baumstämme. Die *chipko*-Bewegung – *chipko* bedeutet in Hindi umklammern, umarmen – war entstanden. In vielen Dörfern der Region machten die Frauen in den folgenden Jahren mobil, um ihre Bäume zu schützen. »Dieser Wald ist die Heimat unserer Mutter, wir werden ihn mit all unserer Kraft schützen«, sangen die Frauen. In vielen Orten bildeten sich Frauengruppen, die für sich das Recht beanspruchten, über die Nutzung der Felder und Wälder in der Region zumindest mitzuentscheiden. Sie wollten sich künftig nicht nur gegen die Willkür von Forstbeamten, Holz- und Bergbaufirmen zur Wehr setzen, sondern ebenso gegen die der eigenen Männer. Wo die traditionelle Arbeitsteilung den Männer das Hüten der Tiere und den Frauen die Verantwortung für die Felder zuwies, wollten die Frauen auch sicherstellen, daß das Vieh nicht mehr in den Äckern graste und dort das Getreide zertrampelte. Die Frauen wurden bedrängt, von den eigenen Männern wie von denen, die von außen kamen, sie wurden mit physischer Gewalt und dem Einsatz der Polizei bedroht, mehrfach wurden ihre Häuser beschädigt. Doch die Frauen ließen sich nicht beirren. Sie zogen vor Gericht und erreichten in mehreren Fällen sogar die Schließung eines Bergwerks oder die Einstellung der Abholzung.

Für Vandana Shiva sollte die *chipko*-Bewegung zu einem der einschneidendsten Erlebnisse ihres Lebens werden. Die Tochter eines Försters, die dank ihrer Kindheit am Fuße des Himalayas bestens mit den Bergen vertraut war, arbeitete zu dieser Zeit nach einem Physikstudium gerade an ihrer Doktorarbeit in Wissenschaftsphilosophie. Danach nahm sie eine Lehr- und Forschungsstelle an der Universität in der südlichen Stadt Bangalore an – für eine Weile. Denn mit dem zunächst freiwilligen Engagement für die *chipko*-Frauen begnügte sie sich bald nicht mehr. 1982 kehrte sie in ihren Geburtsort Dehradun zurück, gründete dort das Forschungsinstitut für Wissenschaft, Technologie und Ökologie und arbeitete eng mit den Basisbewegungen in der Region zusammen. Diesen Einsatz an der Basis verband sie später mit dem Kampf gegen internationale Freihandelsabkommen wie GATT, die Welthandelsorganisation (WTO) sowie Entwicklungen auf dem Gebiet der Biotechnologie und Gentechnik.

Der Kampf ist unvermeidlich, »aber wenn das alles wäre, wäre ich heute eine verhärmte, zynische, alte Frau«, lacht Shiva und sprüht nur so vor Lebensfreude und Energie. Was sie wirklich motiviert, ist das, was sie aufbaut, auch wenn das oft viel weniger sichtbar ist als irgendeine Großkundgebung gegen die WTO. »Neues schaffen, während du Widerstand leistest, das gibt Kraft, das lädt deine inneren Batterien ständig wieder auf«, versichert Shiva.

»Navdanya« – »neun Samen« heißt der Lebensmittelladen mit dem kleinem Vorgarten im Süden Delhis, wo Shiva unser diesmaliges Treffen angesetzt hat. An einer Ecke des Ziegelbaus ist ein kleiner Altar aufgebaut: Vor einer bronzenen Öllampe liegt eine Kokosnuß, zu beiden Seiten stehen tönerne Wasserurnen, orangefarbene Ringelblumengirlanden umgeben das Ganze. »Neun

Samen«, das bezieht sich auf ein althergebrachtes Ritual in ländlichen Gebieten, wo am Neujahrstag jede Familie neun Samen in einen Topf einpflanzt. Neun Tage darauf tragen die Frauen die Töpfe zum Ufer des nächsten Flusses, wo sie dann die Entwicklung der Samen vergleichen. Später werden die Samen ausgetauscht, damit zur Saatzeit alle Familien die bestmöglichen Samen einsetzen und auf diese Weise die Lebensmittelversorgung des Dorfes optimiert wird.

Gemeinsam ist allen Getreiden und Getreideprodukten, Gemüsen und Säften, die hier am Stand in Delhi verkauft werden, ihre Herkunft aus biologischem Anbau. »Mit Cola«, meint Shiva augenzwinkernd, »kann ich nicht aufwarten.« Will sie auch nicht können. Das hat in der »Navdanya«-Welt nichts zu suchen. Da geht es um die Erhaltung der biologischen Vielfalt, die Förderung einer von Pestiziden freien Landwirtschaft und um einen fairen Handel.

An diesem Freitag abend im Mai hat Shiva bei »Navdanya«, wo es sonst nur Snacks zu kaufen gibt, groß aufkochen lassen. Nicht wegen unseres Gesprächs, versteht sich, sondern weil sie danach eine pakistanische Frauendelegation erwartet, die den Besuch einer indischen Gruppe in Pakistan erwidert. Die Frauen – Menschenrechtlerinnen, Anwältinnen, Künstlerinnen und Aktivistinnen – wollen auf der Ebene der Zivilgesellschaft Vorstöße für einen Frieden zwischen den beiden – seit ihrer Entstehung im Jahr 1947 – verfeindeten Nachbarstaaten machen.

Bei einem Thema wie Frieden ist Vandana Shiva in ihrem Element. Nicht über die Kriege will sie dabei reden, die Indien und Pakistan schon gegeneinander geführt haben, auch nicht über die von beiden Staaten im Mai 1998 durchgeführten Atomtests. Friede und Gerechtigkeit sind für Shiva auch ganz eng verbunden mit der Bejahung der Vielfalt, in diesem Fall der Artenvielfalt in der Natur. »Eine ganz entscheidende Frage für die Menschheit und die Natur besteht darin, wie weit die Kontrolle über Saatgut und genetisches Material in den Händen jener konzentriert wird, deren einziges Interesse im Profit liegt«, hat Shiva oft betont. In Büchern, Vorträgen, Diskussionen und Interviews hat sie die Thesen jener widerlegt, die behaupten, nur über den massiven Einsatz von Gentechnik die Ernährung der Weltbevölkerung sichern zu können.

Über Generationen entwickeln und verbessern Bauern ihr Saatgut, berichtet Shiva, die für ihr Engagement 1993 mit dem Alternativen Nobelpreis ausgezeichnet wurde. Dann kommt ein internationaler Agrarkonzern und lockt die Menschen mit Probezeiten, in denen das Hybridsaatgut kostenlos zur Verfügung gestellt und den Bauern bei der Kreditbeschaffung für die Bewässerung der Felder oder andere erforderlicher Infrastrukturmaßnahmen geholfen wird. Einige Erntezeiten später, wenn die Testphase endet, sind die Landbewohner abhängig vom genmanipulierten Saatgut, das sie dann jeweils neu einkaufen müssen, da es sich nicht selbst reproduziert. Zugleich sind sie abhängig von Bewässerung und Pestiziden. Schlägt eine Ernte fehl, ist das ihr Problem. »Denn das Risiko tragen die

Bauern, den meisten Profit kassieren die Großunternehmen.« »Navdanya« will den Bauern eine Alternative bieten. Der Aufbau eigener Samenbanken ist dabei – im Sinne der Förderung einer chemiefreien, nachhaltigen Landwirtschaft – eines der Hauptanliegen.

Über Reis- und Linsensorten und Gemüse erzählt also eine begeisterte Vandana Shiva den Pakistanis, während sie darauf achtet, daß deren Teller stets gefüllt sind mit diversen Köstlichkeiten, Getreidelaibchen und Gemüsegerichten nach eigenem Rezept, Teigplätzchen und Salaten. Dazu wird ein reiches Angebot an Säften geboten, und auch diese erfordern Erklärungen, gibt es doch eine Reihe exotischer Früchte, die die meisten Frauen noch nie in Saftform genossen haben.

Das Interesse für nachhaltige Landwirtschaft und deren Produkte wächst, weiß Shiva zu berichten. Für Bauern ist es ein Weg aus Abhängigkeit und Schulden, viele Kranke wollen sich besser ernähren, und eine gebildete, wohlhabende Mittelschicht entwickelt langsam ein neues Gesundheitsbewußtsein.

Über das Saatgut hat Shiva die Physik nicht vergessen. »Jedes Mal, wenn mir ein Text über Quantentheorie in die Hände kommt, verspüre ich die alte Begeisterung«, sagt die Frau, für die ihre Laufbahn selbstverständlich war, soweit es um Interesse und Eigenmotivation geht, aber gar nicht selbstverständlich, wenn es um die Gesamtgesellschaft geht. »Ganz gleich, wieviel Freiheit du in der kleinen Welt deiner Familie hattest, wenn du hinausgehst in die größere Welt, beginnt das Ringen«, weiß Shiva aus eigener Erfahrung. Physik war kein Unterrichtsfach an der Klosterschule, die sie besuchte. Naturwissenschaften? Wozu? Die Lehranstalt war doch ausschließlich für Mädchen. Also besorgte sich Shiva die einschlägigen Bücher selbst und hatte dabei die volle Unterstützung der Eltern. »Wenn ihr etwas tun wollt und dabei die Grenzen der anderen nicht mißachtet, dann tut es«, diese Weisung gab die Mutter den beiden Töchtern mit auf den Weg. Shivas Schwester wurde Ärztin, Shiva selbst entschied sich für die Physik – und war in diesem Fach die einzige Studentin unter lauter männlichen Kollegen. »Es waren fünf Jahre tiefster Einsamkeit«, sagt Shiva heute im Rückblick.

Aber aufgeben stand nie zur Debatte. Kümmere dich nicht darum, was die anderen denken, solange du im Einklang mit deinem Gewissen handelst, hatte ihre Mutter ihr immer gesagt. Und hatte nicht auch ein indischer Dichter in einer seiner Kompositionen dazu ermutigt: »Wenn niemand dich auf deinem Weg begleiten will, dann geh ihn eben allein.« »Allein gehen zu können ist eine ebenso wichtige Fähigkeit, wie gemeinsam mit anderen zu gehen«, betont Shiva. »Allmählich lernst du ja auch, zwischen neidischem und bösartigem Gerede, mit dem dich andere nur fertigmachen wollen, und ernstzunehmender Kritik zu unterscheiden.«

Und die Physik? Der wird sie sich später wieder zuwenden, wenn sie nicht mehr fit genug für die Basisarbeit ist. Mit sechzig dann. Mit sechzig? »Wann immer die physischen Kräfte nachlassen.« Noch steht zu vieles an, zum Beispiel der Kampf um geistiges Eigentum und gegen Patente. Indien, meint Shiva – und damit sind wir wieder bei ihrer Hochachtung für die weibliche Bevölkerung –, sei wohl eines der wenigen Länder, wo die Frauen »gegen die globalen patriarchalen Strukturen ankämpfen, um das von ihnen geschaffene Wissen zu verteidigen«.

Es ist ein langwieriger Kampf mit ungewissem Ausgang. Denn in einem rücksichtslosen Wettstreit um die Kontrolle über das Wissen werden, nach Shiva, die traditionellen Erkenntnisse im Bereich der Land- und Forstwirtschaft völlig mißachtet. Oder aber sie werden von einer internationalen Genfirma übernommen, manipuliert und als die eigenen ausgegeben und zur Sicherheit sofort mit einem Patent versehen. Die »Biopiraten« können nach Ansicht Shivas dabei auf Verbündete in der indischen Regierung setzen. Denn das geplante neue Gesetz über Artenvielfalt sei so schwach, daß es einer Billigung der »Biopiraterie« gleichkomme.

Shiva zitiert in ihren Auseinandersetzungen mit den »Piraten« stets auch die alten indischen Texte, die belegen, daß die heilenden Eigenschaften der verschiedenen Pflanzen, seien es Gelbwurz- oder Neemderivate oder der bittere Flaschenkürbis, in ihrer Heimat seit Jahrhunderten bekannt sind und von der traditionellen Medizin auch genutzt wurden. Indien ist nach Ansicht von Experten ja eines jener Länder, wenn nicht überhaupt das Land mit der größten Artenvielfalt. Mehr als 15.000 Pflanzen soll es hier geben.

Den Kampf gegen die »Patenträuber« versteht Shiva letztlich auch als Ringen für die Demokratie. Und es möge nur ja keiner kommen und ihr weismachen wollen, daß sich die sogenannte Dritte Welt ethisches Verhalten nicht leisten könne. Ganz im Gegenteil, ereifert sie sich. Die Frage der Bioethik sei im Süden aufgeworfen worden, wo sich die Menschen gegen die »Piraterie« der Konzerne aus dem Norden zur Wehr setzen müssen.

Bioethik, Samenbanken, Gentechnik, Sicherung der Nahrungsgrundlagen, Umwelt, Wissen und die Rolle der Frauen: Das sind seit bald zwei Jahrzehnten die Kernthemen in Shivas Leben. Kein Wunder, daß eine kurze Frage wie ein Knopfdruck wirkt: Bände ließen sich füllen mit dem, was diese Frau aus dem Stegreif erzählen kann. Wären da nicht die Pakistanis zu betreuen, den Angestellten von »Navdanya« beim Servieren mit Rat und Tat zur Seite zu stehen, der Nachschub bei den Getränken zu sichern, Shiva könnte weiterreden in den Abend hinein, der langsam anbricht und ein wenig Kühlung bringt nach einem Tag mit 43 Grad Hitze.

Shiva ist beschäftigt. Mehr als beschäftigt, im Augenblick mit ihren Gästen. Danach wieder mit Kämpfen und vor allem mit dem Aufbau von Alternativen. Die Physik wird noch eine geraume Zeit warten müssen.